AF167884

Hans Sittenberger

Grillparzer

Sein Leben und Wirken

Sittenberger, Hans

Grillparzer

ISBN: 978-3-86267-538-8

Auflage: 1
Erscheinungsjahr: 2012
Erscheinungsort: Bremen, Deutschland

Europäischer Literaturverlag GmbH, Fahrenheitstr. 1, 28359 Bremen (www.elv-verlag.de).

Bei diesem Titel handelt es sich um den Nachdruck eines historischen, lange vergriffenen Buches aus dem Verlag Ernst Hofmann & Co, Berlin (1904). Da elektronische Druckvorlagen für diesen Titel nicht existieren, musste auf alte Vorlagen zurückgegriffen werden. Hieraus zwangsläufig resultierende Qualitätsverluste bitten wir zu entschuldigen.

Cover: Ausschnitt aus dem Aquarell »Franz Grillparzer« (1827) von Moritz Daffinger.

Grillparzer

Sein Leben und Wirken

Von

Hans Sittenberger

Berlin
Ernst Hofmann & Co.
1904

Zweites Tausend

Vorwort

Zwei Methoden gibt es, eine Biographie zu schreiben.
Die eine strebt nach sozusagen aktenmäßiger Darstellung, und
mosaikartig setzt sie das Lebensbild aus der Fülle der erreich=
baren Daten zusammen; die andere geht, ohne natürlich auf
Quellenstudium verzichten zu können, doch der Hauptsache
nach auf das starke Gefühl von der Persönlichkeit dessen
zurück, der geschildert werden soll. Die erste nennt sich nicht
ganz zutreffend die objektive Methode; denn schon in der
Beurteilung und Zusammenstellung des Materials liegt ein
subjektives Moment. Die zweite macht aus ihrer Subjektivität
kein Hehl, sie will ebensosehr Bekenntnis als Darstellung
sein und folgt gewissermaßen einem lyrischen Zuge.

Diese zweite Art entspricht meiner Natur, und obschon
ich ehrlich bestrebt war, den Tatsachen ihr Recht zu lassen,
und mich sorgsam davor hütete, sie etwa nach meinem Ge=
schmacke zu färben, so bekenne ich doch offen, daß ich Grill=
parzers Leben durchaus nicht sine ira und noch weniger
sine studio geschildert habe. Man kann eben, wie mich
dünkt, die Tatsachen sehr wohl würdigen, ohne ihnen gegen=
über kühle Teilnahmslosigkeit zu bewahren.

Um die Einheitlichkeit der Darstellung nicht zu stören,
habe ich auf allen gelehrten Apparat — genaue Angabe der

Quellen, urkundliche Belege, Nachweise aus der einschlägigen Literatur usw. — verzichtet. Dem Laien ist derlei gleichgiltig, der Fachmann aber wird mit geringer Mühe das Nötige selbst zu finden vermögen.

Daß meine Arbeit freundschaftlicher Förderung nicht entbehren konnte, ist selbstverständlich. Ganz besonders habe ich dem Direktor der Wiener Stadtbibliothek, Herrn Regierungsrat Dr. Karl Glossy zu danken, der mir in wahrhaft unerschöpflicher Liebenswürdigkeit mit sachkundigem Rat und Gefälligkeiten aller Art zur Seite stand.

Wien, November 1903.

Hans Sittenberger.

Inhalt

I

Einleitung

Franz Grillparzer wurde zu Wien am 15. Januar 1791 als der älteste von vier Brüdern geboren. Sein Vater, Dr. Wenzel Grillparzer, war ein wohlhabender Advokat, ein zwar nicht weitblickender, aber kerniger, aufrechter Mann, der in seinem Beruf und in der Sorge für die Familie rastlos tätig war. Allenthalben genoß er die größte Hochachtung und galt als ein Muster unwandelbarer Rechtlichkeit, wie es denn Grillparzer als sein schönstes Erbe bezeichnet, daß auch nicht das kleinste Stäubchen das Andenken seines Vaters verunziere.

Mit all seinen Anschauungen, seiner Geistesbildung wie seinen moralischen Grundsätzen, wurzelte er in den Ideen der Aufklärung, die unter dem genialen Josef II. auch Österreich sich erobert hatten. Aber während diese Aufklärung die Geister vielfach verweichlichte und in eine unklare, weibische, krankhaft schwärmende Empfindsamkeit einlullte, hatte sie den biederen Dr. Wenzel Grillparzer fest und klar gemacht. Es steckte wohl etwas von der stahlharten und scharfen Männlichkeit eines Lessing in seiner Natur, dem er sonst freilich — an Begabung wie auch an Umfang und Richtung seiner Bildung — so fern als möglich stand. Er war ein strenger Logiker, und das Zeugnis seines Sohnes besagt, daß er nichts so töblich haßte, wie die Phrase. Der Dichter schildert ihn in seiner Selbstbiographie als einen überaus ernsten, verschlossenen, fast kalten Mann, der selten gelacht und an die Seinen kaum einmal ein liebevoll inniges Wort gewendet habe. Dennoch dürfen wir nach seiner ganzen Lebensführung nicht zweifeln, daß er mit großer Liebe an seiner Familie hing. Aber in der Herbheit seiner Natur mangelte ihm wohl die Fähigkeit, sich zu geben, wie er im Innersten war; die Angst, weichlich und geziert zu erscheinen, die Scheu vor allem Getu' und Gerede, wie er es gut österreichisch genannt haben mag, ließ ihn immer wieder verschweigen, was er fühlte, und endlich wurzelt sich eine solche Übung so fest und zäh ein, daß sie nicht mehr im Belieben des Menschen steht, sondern ihn zwingt. Dazu kam noch eins: die Erziehung seiner Kinder hat er seinen Ansichten gemäß offenbar ausschließlich auf den Begriff der Pflicht gestellt; es schien ihm geraten, ihnen als oberste Autorität das Bewußtsein einzuimpfen, daß sie mit allem guten Verhalten nicht mehr täten, als was ihre Schuldigkeit sei, und er mochte fürchten, daß der heilige Respekt, den er von ihnen verlangte, unter Zärtlichkeitsbezeigungen leiden könne. Hand in Hand damit ging es, daß er — in Kleinigkeiten wenigstens — seine Familie mit einer gewissen gelinden Tyrannei behandelte. Selbst unschuldige Neigungen duldete er nicht, wenn er kein Verhältnis zu ihnen gewinnen konnte; dagegen fand er es selbstverständlich, daß seine eigenen Liebhabereien von Frau und Kindern geteilt würden. So schleppte er, selbst ein passionierter Spaziergänger, die Seinen auf weiten und ermüdenden Streifzügen in der Umgebung Wiens mit sich, fest überzeugt, ihnen damit eine große Freude zu bereiten, obwohl sie in Wirklichkeit unter den Strapazen seufzten.

Geselligen Freuden war er bei aller Verschlossenheit und peinlichen Zurückhaltung doch keineswegs abgeneigt. Im Gegenteil: er liebte es, von Zeit zu Zeit Freunde und Bekannte in größerer Zahl bei sich zu sehen und ergötzte sich weidlich an den klugen Gesprächen, die da geführt wurden. Bei solchen Gelegenheiten sah der sonst sparsame Mann darauf, daß der Tisch nur ja auf das reichlichste bestellt sei. Da kam eben der Wiener in ihm zum Durchbruch, der eine Ehre darein setzt, hie und da „etwas aufgehen zu lassen".

Vorwiegend Verstandesmensch, lassen sich an ihm nur spärliche Regungen der Phantasie entdecken. Als bezeichnend erwähnt Grillparzer, sein Vater habe, wenn er mit den Kindern in den Donauauen hinschlenderte, eine seltsame, fast kindische Freude daran gehabt, die Sandinseln im Strome mit selbstgewählten Namen zu belegen, wie etwa Seefahrer ein neuentdecktes Eiland taufen. Literarische Neigungen besaß er nicht, und der Dichtung seiner Zeit stand er, wie es scheint, völlig teilnahmlos gegenüber. Dagegen las er mit dem größten Behagen gruselige Räuber= und Ritterromane, wie sie damals zahlreich umliefen — an einem wissenschaftlich gebildeten Manne gewiß eine auffallende Erscheinung.

Grillparzers Mutter Marianne, geboren 1767, also um etwa vier Jahre jünger als ihr Gatte, stammte aus der alten, hochangesehenen und nicht unbegüterten Wiener Familie Sonnleithner. Echte Wiener Gastlichkeit und begeisterte Liebe zur Musik gaben diesem Hause sein Gepräge. Frau Mariannens Vater, Dr. Christof Sonnleithner, Hof= und Gerichtsadvokat und Hofrichter des Benediktinerstiftes zu den Schotten in Wien, genoß als Tonsetzer einen guten Ruf; seine Quartette erwarben ihm die Gewogenheit des kunstsinnigen Kaisers Josef. Vor

allem erfreute er sich der Freundschaft Haydns und
Mozarts, die gern und viel in seinem Hause verkehrten.
Im Hause seines Sohnes Ignaz fand das musikalische
Wien im zweiten und dritten Jahrzehnt des neunzehnten
Jahrhunderts seinen Mittelpunkt. Hier trug Franz Schubert vor einem Kreise von Kennern zuerst seine Lieder
vor, von hier flatterten sie hinaus in alle Welt. Ein
anderer Bruder Frau Mariannens, Josef Ferdinand,
verknüpfte seinen Namen mit der Gründung der Gesellschaft der Musikfreunde in Wien und der Errichtung
des Konservatoriums; auch hat er umfangreiche Ma-
terialien zu einer Geschichte der Musik gesammelt. Ein
etwas unsteter Geselle, versuchte er sich in den ver-
schiedensten Berufen, ohne freilich in irgend einem etwas
Gründliches zu leisten. So war er der Reihe nach Buch-
drucker, Kreiskommissär, Vorleser bei Kaiser Josef, Konzipist bei der k. k. Hofkammer und Reisender für die
Privatbibliothek des Kaisers Franz; von 1804 bis 1814
aber bekleidete er die Stelle eines Sekretärs der beiden
Hoftheater, wie ihn denn überhaupt seine Neigung immer
wieder zur Beschäftigung mit der Dichtkunst hindrängte.
Er verfaßte viele Opernterte, bearbeitete griechische,
französische und spanische Dramen — Tirso de Molina
war sein besonderer Liebling — für die deutsche Bühne,
gab die Werke des Wiener Possendichters Philipp
Hafner heraus, war der erste Redakteur des vortrefflichen Taschenbuches „Aglaja", dessen Redaktion
1819 auf Josef Schreyvogel überging, und be-
kundete als lyrischer Dichter eine zwar bescheidene,
aber unzweifelhafte Begabung. Ein dritter Bruder, Franz,
war gleich ihm „Literat", sein Talent scheint aber noch
weit dürftiger gewesen zu sein.

Daß Frau Marianne, aus dieser Familie stammend,

wesentlich anders veranlagt war als ihr Gatte, ist leicht
zu sehen; aber noch mehr als dies: man darf sagen,
daß sie in allem — nur nicht in der Rechtlichkeit — ge=
radezu sein Widerspiel war. Seiner energischen, ja
pedantischen Bestimmtheit stand ihre launische Fahrigkeit
gegenüber, seiner kühlen Verschlossenheit die, wie es
scheint, oft maßlose Heftigkeit ihrer Empfindung. War sein
Wesen auf den Verstand gegründet, so war Gefühl die trei=
bende Kraft ihrer Seele. Aber dieses Gefühl war früh schon
angekränkelt, scheu und leicht verletzt, und vermochte in
dieser harten Welt nicht recht heimisch zu werden. Eine
überaus reizbare und ungezügelte Natur, war Grillparzers
Mutter eine Beute der wechselvollsten Stimmungen; das
fröhlichste Lachen wich oft plötzlich und ohne ersichtlichen
Grund der tiefsten Niedergeschlagenheit. Wie alle Mit=
glieder ihrer Familie hatte sie Künstlerblut in den Adern;
sie lebte gleich jenen in der Musik. Aber die Tonkunst
brachte ihr nicht wie anderen Befreiung und Erhebung,
sie war für sie eine tyrannische, dämonische Macht, die
sie anzog, um ihr die tiefsten Qualen zu bereiten; ja
sie wirkte geradezu zerrüttend auf ihre Seele. Mehr und
mehr vergrämte sich — unter mancherlei schweren Schick=
salsschlägen — das Gemüt der armen Frau, und mit den
Ausbrüchen ihrer Laune schuf sie sich und den Ihren
bittere Stunden. Schließlich scheint sie jede Herrschaft über
sich verloren zu haben und bisweilen zu förmlicher Selbst=
peinigung geschritten zu sein. So entzog sie sich, wie
ein Brief ihres Sohnes Kamillo andeutet, oft vorsätzlich
den Schlaf.

Aus demselben Brief erfahren wir, „daß ihr Bildung
fehlte, da sie wegen steter Krankheit in der Jugend keine
Erziehung genoß.“ Auch darin war sie also ihrem Gatten
ungleich, der sich immerhin zu den Erleuchteten seiner

Zeit rechnen durfte. Ihr Mangel an Bildung scheint sogar recht auffallend gewesen zu sein, und man tut kaum unrecht, wenn man selbst von ihren ursprünglichen Verstandesgaben ziemlich gering denkt. Trotz alledem besaß sie eine größere geistige Beweglichkeit als der wackere Dr. Wenzel Grillparzer samt seinem soliden Verstande. Ihre künstlerische Natur vermochte eben, ahnend und fühlend sich auch in Dinge hineinzuleben, die ihren Begriffen ferne waren, und weit besser als ihr Mann verstand sie in der Seele ihres Erstgeborenen zu lesen.

Zwei Welten standen so in den beiden Gatten einander gegenüber, und fast seltsam berührt es, zu sehen, wie die Unterschiede ihres Wesens selbst in kleinen Zügen zum Ausdruck kamen. So war, um nur eines zu erwähnen, Dr. Grillparzer ein vortrefflicher, ja peinlich genauer Wirtschafter; Frau Marianne dagegen brachte es, wie ihr Sohn lächelnd bekennt, trotz aller Mühe nie dazu, ihr Hauswesen in richtiger Ordnung zu halten.

Wie diese beiden grundverschiedenen Menschen innerlich zueinander standen, wissen wir nicht. Zank und Hader hat es zwischen ihnen wohl nicht gegeben, wenigstens hören wir nichts davon. Aber alles scheint darauf hinzudeuten, daß sie eine freudlose Ehe geführt haben.

Sicher jedoch ist das eine, daß die Gegensätze der väterlichen und mütterlichen Natur in Grillparzers Seele unheilvoll nebeneinander aufwuchsen. Unter diesem Erbe hat er zeitlebens gelitten, obwohl es zugleich der Grund seiner Größe wurde. Hätten sich in ihm die Anlagen der Eltern, wie das trotz ihrer Verschiedenheit wohl denkbar ist, zu einer Einheit zusammengeschlossen, er wäre eine Glücksnatur, ein Sonnenkind wie Goethe geworden. Allein von der schweren Gemütskrankheit seiner Mutter war ein Keim auch in seine Seele übergegangen, der mühevoll niedergehalten sich doch nicht ganz unterdrücken ließ, und der hinderte wohl eine so glückliche Verschmelzung. Verstandesmensch und Stimmungsmensch standen in Grillparzer allzeit beinahe feindlich gegenüber, sie befehdeten einander auf das bitterste, ohne daß einer zuletzt Sieger geblieben wäre. Im Tiefsten seines Wesens musikalisch, leicht entflammt und von einer Stimmung hingerissen, vermochte sich Grillparzer zu den freiesten Höhen der Empfindung und Phantasie aufzuschwingen. Aber allsobald meldete sich der mürrische Verstand, unbarmherzig krittelnd und nörgelnd, und ruhte nicht eher, als bis die schönste Stimmung erschlagen war und die Phantasie todmüde die Flügel sinken ließ. Dann grämte sich der Arme, wühlte sich in selbstquälerische Gedanken förmlich ein, bis ihn wieder eine Stimmung gewaltsam emporriß. So wechselten Momente überschwenglichsten Selbstbewußtseins mit Augenblicken wahren Kleinheitswahns, und bitter bekennt er, daß er die so schmerzlich ersehnte, so glühend erstrebte Ausgeglichenheit der Seele nie errungen habe.

Zu diesen angeborenen Gegensätzen seiner Natur gesellten sich — unglücklich genug — noch manche andere, die ihm von außen her, im öffentlichen Leben Österreichs jener Zeit und in seiner Erziehung entgegentraten.

Die freiheitliche Bewegung, die unter Josefs glorreicher Regierung just die besten Geister ergriffen hatte, war schon unter Leopold wesentlich eingedämmt worden; unter Franz wurde sie geradezu als verbrecherisch bezeichnet. Die Staatsgewalt dehnte ihre Macht begehrlich aus, und jeder einzelne bekam ihren lähmenden Druck zu spüren. Die Untertanen zu unbedingtem Gehorsam zu erziehen, war das oberste Ziel der Regierenden. Willenlose Werkzeuge wollte man haben, deren man sich nach

Belieben bedienen konnte. Gefügigkeit galt mehr als
Leistung, eigene Gedanken schienen gefährlich. Dem Staate
war alles erlaubt, die Rechte des Individuums wurden
auf das äußerste eingeschränkt; nicht viel mehr als das
Recht zu leben blieb unangetastet. Man vigilierte streng
auf das Privatleben, eifriger als Handlungen wurden
Gesinnungen zur Verantwortung gezogen.

Dieser rücksichtslosen Gewalt entsprach aber keineswegs
wirkliche Macht und Kraft. Im Gegenteil! Die öffentlichen Zustände Österreichs zeigten den kläglichsten Verfall.
Die Finanzen waren auf das übelste bestellt, das Vermögen der Bürger den gefährlichsten Schwankungen ausgesetzt. Handel und Verkehr wurden durch allerlei lästige
Bestimmungen in ihrer Entwicklung gehemmt. Das überaus schleppende Gerichtsverfahren legte dem Rechtsuchen-
den schwere Lasten auf und bot ihm keinerlei Schutz gegen
Chikanen aller Art, ja nicht einmal gegen Willkür. Das
Heer war schlecht organisiert und noch schlechter geführt;
unfähige Generale verschuldeten Niederlage auf Niederlage, schweres Ungemach brach über die Monarchie herein,
endlich erlag sie den Streichen des Korsen.

Schlimmer war es noch, daß es der Staatsgewalt
bei aller Härte an Strammheit und Stetigkeit fehlte; die
Schuld daran traf vor allem die österreichische Bureau-
kratie. Wohl gab es in ihr so gut wie anderwärts redliche
Leute und gescheite Köpfe, aber gegen den allgemeinen
Schlendrian vermochten sie nicht aufzukommen. Unge-
bildete und faule Streber liefen ihnen den Rang ab. Geschrieben, dekretiert wurde sehr viel, getan sehr wenig. Es
gab eine verwirrende Fülle von Verordnungen, die das
Leben bis in seine intimsten Details unter Aufsicht stellten,
aber in der Durchführung ließ man oft eine unglaubliche
Lässigkeit walten. In echt österreichischer Gemütlichkeit

„nahm man es nicht so genau". Von Grillparzers Onkel
Ignaz Sonnleithner rührt das Witzwort her, daß die
Vorschriften in Wien nur von elf bis zwölf Uhr mittags
Geltung hätten. Aber sie waren einmal da, diese Vorschriften, und wurden gegebenen Falles hervorgesucht,
um einem „mißliebigen Subjekt" das Leben so sauer
als möglich zu machen.

Zu alledem kam noch, daß sich die Josefinischen
Ideen, so sehr sie verpönt waren, doch nicht einfach
abtun ließen. Sie flüchteten nur vom offenen Markt in
die verschwiegene Stube. Im vertrauten Freundeskreise
äußerte man Gesinnungen, die man sonst wohl verborgen
hielt. Unter den Gebildeten war die Klage über den geist-
tötenden Druck der Zeit allgemein, sehnsüchtig blickte man
auf die freiere Vergangenheit zurück wie auf ein Idol, an
dem man sich aufrichten könne. Gerade in dem Kreise, in
dem Grillparzer aufwuchs, waren solche Gesinnungen
daheim; sein Vater war Josefiner durch und durch, und
er trug Sorge dafür, daß seine aufgeklärten Überzeugungen
auch auf seinen Sohn übergingen. Der hat denn auch
zeitlebens treu daran festgehalten. Aber der Gegensatz
zwischen dem, was er für recht hielt, und dem, was im
öffentlichen Leben für recht galt, muß ihm früh schon
bewußt geworden sein. Auch hat er gewiß sehr bald
erkannt, mit welchem Schwachmut der Freisinn gemeinig-
lich einherging. Daß man seine Gesinnungen nicht offen
zu bekennen wagte, mochte noch begreiflich sein; die Furcht
vor Verfolgung konnte das entschuldigen. Aber so
mancher, der im stillen auf die Regierung schalt und sich
gar aufgeklärt gebärdete, verleugnete nach außen hin seine
Überzeugung und strebte heuchlerisch nach der Gunst der
Machthaber.

Dasselbe Mißverhältnis, das sich auf politischem Ge-

biete zwischen Vorschrift und Durchführung zeigte, äußerte
sich auch auf anderen Gebieten, vor allem auf dem des
Unterrichts. Der Studienplan war nicht schlechter als der
in anderen Ländern, aber unfähige Lehrer verdarben
ihn. Man stellte an die Schüler ziemlich hohe Anforderungen, allein man war schließlich mit sehr wenigem zufrieden, wenn nur die religiöse Gesinnung nichts zu wünschen übrig ließ. Grillparzers Vater zeigte übrigens nicht
größere Konsequenz. Er war keineswegs sparsam mit
äußerst strengen Geboten, aber er kümmerte sich nicht
darum, ob sie von den Kindern auch befolgt würden, und
nur wenn das Mißlingen seiner Absicht sich gar nicht
mehr übersehen ließ, griff er wieder mit harter Hand ein.

Solcher Mangel an Übereinstimmung war allenthalben zu sehen. Das Schlimmste aber war, daß man
darin nicht eine Ausnahme, sondern geradezu die Regel
erblickte. Die guten Wiener fanden sich prächtig damit
ab. Kein Zweifel: sie wußten, daß es nicht in der Ordnung
sei, und scharfzüngig, wie sie waren, mochten sie sich
gelegentlich darüber lustig machen, aber die Dinge zu
ändern, so viel an ihrem Teil war, fiel ihnen nicht ein.
Warum auch? Man mußte einfach mit den Verhältnissen
rechnen. Dieses Hin- und Herschaukeln hatte sogar einen
eigenen Reiz.

Ähnliche Gegensätze zeigten sich auch in der heimischen
Literatur. Unter Maria Theresia, mehr noch unter
Josef II. nahm Österreich nach langem Verstummen wieder
teil an dem literarischen Leben der deutschen Nation.
Josef selbst suchte zu fördern, so viel in seinen Kräften
stand. Mit manchen Größen der deutschen Dichtung jener
Zeit wurde von Wien aus Verbindung gesucht. Klopstock,
Wieland, Lessing sollten für die Hauptstadt gewonnen
werden. Allein die lässig angeknüpften Beziehungen

führten zu keinem Ergebnis. Die politischen Ereignisse nahmen Josefs ganze Tatkraft in Anspruch, auch scheint es, daß in dieser reichen Natur just der literarische Geschmack am wenigsten ausgebildet war.

Aber die Anregungen, einmal gegeben, wirkten mächtig fort. Ein fast gewaltsames Bildungsstreben überkam das bisher so beschauliche Österreich. Die Lorbeeren der sächsischen, preußischen und schwäbischen Dichter ließen die heimischen Geister nicht ruhen. Mit redlichem Bemühen, wenn auch mit ungenügenden Kräften, eiferte man ihnen nach. Die Jesuiten Denis und Mastalier sangen Oden in Klopstockscher Manier und vermehrten so das ohnedies nicht gerade liebliche Bardengeheul. Der Exjesuit Alois Blumauer und der Advokat Johann Baptist von Alxinger — jener bajuvarisch derb, doch nicht ohne gesunden Witz, dieser weit feiner, dafür auch schwächlicher — gingen auf den Pfaden Wielands einher. Der Nikolsburger Jude Josef von Sonnenfels, den man sehr mit Unrecht den Wiener Lessing genannt hat, da weit mehr von dem philiströsen Magisterverstand Gottscheds als von dem Genie des Hamburger Dramaturgen in ihm zu spüren ist, setzte eine Lebensarbeit darein, Österreich dem regelmäßigen Schauspiele zu gewinnen. Kornelius von Ayrenhoff, der als Feldmarschalleutnant starb, suchte praktisch auszuführen, was Sonnenfels theoretisch verlangte, und schrieb eine Anzahl von Dramen, denen man Ehre genug antut, wenn man von ihnen sagt, daß sie sich eng an die Regeln der Franzosen hielten. Tobias Philipp Freiherr von Gebler, von Geburt allerdings Thüringer, aber österreichischer Staatsmann, verfaßte gleich ihm Trauer- und Lustspiele nach dem Herzen Gottscheds. In etwas späterer Zeit suchte Heinrich von Collin mit der breiten Rhetorik seiner Römerdramen sein leuchtendes Vorbild Schiller

zu erreichen. Die Philosophie Kants fand in Wien zwar
wenige aber eifrige Bewunderer, die Verbindung mit den
Kantianern außerhalb des engeren Vaterlandes suchten.
Kurz, es war über die Leute ein wahrer Feuereifer gekommen; sie schienen auf jede Weise zeigen zu wollen,
daß man hier in Österreich längst nachgeholt habe, was
etwa versäumt war, und nicht weniger gebildet sei, als
in anderen deutschen Ländern. So hatte die junge Literatur des Donaustaates etwas von der komischen Groß-
tuerei eines Parvenü an sich, der es dem reichen Nachbar
mit allen Mitteln gleich-, wennschon nicht zuvortun will.

Bildung war auf einmal Trumpf geworden. Aber
neben dieser künstlich gezüchteten Poesie, die ihren Zusammenhang mit der deutschen Kultur ziemlich aufdring-
lich betonte, blühte in Wien — wenigstens auf dem Gebiete
des Dramas — von alters her eine Kunst, die sich von
Bildung freilich so fern als möglich hielt, ja wohl gar in
Unfläterei versank, dafür aber einen großen, entscheidenden
Vorzug bewahrte: den lebendigen Pulsschlag echt volkstümlicher Tradition. Die Wiener Hanswurstbühne eines
Stranitzky und Prehauser setzte die nationale Kunstübung
früherer Zeiten einseitig zwar, aber bei manchem fremden
Einschlag doch ziemlich getreu fort. Im Reiche draußen
hatten die religiösen Streitigkeiten, die alles Interesse an
sich zogen, die theaterfeindliche Haltung der lutherischen
Geistlichkeit und nicht zuletzt die furchtbaren Schrecken des
dreißigjährigen Krieges jede Lust an der volkstümlichen
Schaubühne zurückgedrängt; in Österreich dagegen, besonders in Wien, hatte sich die Freude daran erhalten.
Freilich, die Überlieferung, die sich hier als fortdauernd
wirksam erwies, wurzelte nicht mehr in den Instinkten
eines ganzen, großen Volkes, sie war auf einen einzelnen
und nicht einmal den bedeutendsten Stamm der deutschen

Nation beschränkt worden, ja genau genommen nur auf die Bevölkerung einer einzigen Stadt, und so ist es wohl begreiflich, daß sie nicht mehr im stande war, sich zu großen Schöpfungen aufzuraffen. Gemäß dem hervorstechendsten Zuge im Wiener Volkscharakter bevorzugte sie das Derbkomische, das grotesk Lustige, das Pudelnärrische und führte, wie das gar nicht anders möglich war, zu immer größerer Verflachung. Aber daß sie neben all der Dichtung, die aus der Gelehrtenstube hervorging, fast allein an dem Zusammenhang mit volkstümlichem Empfinden und volkstümlicher Anschauung festhielt, verlieh ihr eine Bedeutung, die weit über den künstlerischen Wert ihrer einzelnen Leistungen hinausreichte. Das gab ihr auch die zähe Lebenskraft, die allen Anfeindungen schließlich doch siegreich widerstand. Wohl hatte sie in der zweiten Hälfte des achtzehnten Jahrhunderts schwere Zeiten zu bestehen. Die Gebildeten Wiens, allen voran Josef von Sonnenfels, von der Kaiserin Maria Theresia mächtig unterstützt, führten gegen die Hanswurstbühne einen Kampf auf Tod und Leben. Der geniale Josef von Kurz, der letzte Vertreter der Stegreifkomödie, eine fast tragische Persönlichkeit, weil er nach den glänzendsten Erfolgen seiner Kunst auch deren tiefsten Fall miterleben mußte, wurde von dem Wiener Publikum, das ihn einst verhätschelt hatte, unbarmherzig ausgepfiffen, und Sonnenfels durfte sich rühmen, er habe den Hanswurst mausetot geschlagen. Die Gründung des Hof- und Nationaltheaters (1776) ist sein Verdienst; das gebildete Drama sollte hier eine Stätte feinster Pflege finden. Aber schon wenige Jahre darnach — 1780 — tat Karl von Marinelli das Leopoldstädter Theater auf, und hier feierte der alte Hanswurst, freilich unter verändertem Namen, eine fröhliche Urständ. Er hieß nun Kasperl, Staberl, Thaddädl, aber

wenn auch die Maske gewechselt hatte, im Grunde war's
doch dieselbe Person geblieben. Die Feen= und Ritter=
stücke, die man gab, konnten und wollten ihre Verwandt=
schaft mit den Erzeugnissen der alten Stegreifkomödie
nicht verleugnen, und wenn in dieser der Dialog ganz und
gar den augenblicklichen Einfällen der Schauspieler über=
lassen war, so bildete in jenem wenigstens das witzige
Extempore einen Hauptreiz der schauspielerischen Leistung.
Die Neigung des Wiener Publikums wendete sich dann
auch sofort der Leopoldstädter Bühne zu; hatte man an
einem Abende, wie sich's für gebildete Leute schickte, im
Hof= und Nationaltheater poetisch geschwärmt, so wollte
man dafür wenigstens an zwei Abenden in der Leopold=
stadt recht von Herzen lustig sein.

Zwischen dem Hoftheater und der Leopoldstädter
Bühne ist Grillparzer aufgewachsen. Sein Ehrgeiz und
sein früh gereifter künstlerischer Geschmack zogen ihn
zu jenem hin, er erbaute sich an den Werken Goethes,
Schillers, Shakespeares und fand in ihnen das ferne
Wegziel seines Strebens; sein wienerisches Blut aber
lockte immer wieder nach der Leopoldstadt hinüber, nach
der bunten Schaupracht und der souveränen Dreistigkeit
der Märchendramen, die bei aller Abgeschmacktheit doch
soviel Ursprüngliches und Echtes bewahrten. Zu einem
friedlichen Vergleich zwischen den beiden Kunstrichtungen
hat er es nie gebracht. In seinen Werken freilich haben sie
einen unlöslichen Bund geschlossen, in seinem Empfinden
aber, in seinen Anschauungen schwankte er zeitlebens
unsicher zwischen ihnen hin und her. Der Bildungsmensch
in ihm urteilt bisweilen mit einer geradezu unbegreif=
lichen Härte über alles, was Volkspoesie ist. Roh und
plump erscheint sie ihm, und mit einer verächtlichen Hand=
bewegung weist er sie von sich. Zu anderen Zeiten wieder

schmält er auf die „Bildungspoesie" der Weimarer in den heftigsten Ausdrücken, und er flüchtet sich, von ihr im tiefsten unbefriedigt, zu den spanischen Dramatikern, deren Werke den Leopoldstädter Feenstücken weit verwandter sind, als den Dramen Schillers.

So war Grillparzers Jugend in eine Fülle von Gegensätzen hineingestellt, zwischen denen es keinen Ausgleich gab. Sie hemmten die Entwicklung seiner Kinder- und Jünglingsjahre, sie störten ihn, je deutlicher er sich ihrer bewußt wurde. Sich von ihnen zu befreien, sich über sie zu stellen, gelang ihm nie, auch nicht als gereiftem Manne. Sein ganzes Wesen ging auf in der Sehnsucht nach Einheit, Frieden, Harmonie, und er stieß sich wund an den Widersprüchen, die ihm jeder neue Tag enthüllte, an dem tiefen, unheilbaren Zwiespalt seiner eigenen Natur. Daran ist seine Kraft so früh erlahmt, deshalb verstummte der Dichter, als er in die Vollkraft der Jahre kam, mürrisch, verdrossen, mit sich und der Welt zerfallen.

II

Kinderjahre und Gymnafialzeit

Die Eltern Grillparzers hatten auf dem sogenannten „Bauernmarkte", einer Gasse in der Nähe des Stefansplatzes, also mitten im Herzen der Stadt, eine weitläufige Wohnung bezogen. Die Fenster gingen teils auf einen kleinen, finsteren Hof hinaus — „Lichthof" nennt man in Wien einen solchen Schacht — teils öffneten sie sich nach einem engen, düsteren und schmutzigen Sackgäßchen. In den beinahe unheimlich großen Zimmern herrschte jahraus, jahrein trübe, gespenstische Dämmerung. Nur das Arbeitszimmer des Vaters machte darin eine Ausnahme. Hier herein fielen an Sommertagen um die Mittagszeit etliche verlorene Sonnenstrahlen. „Wir Kinder standen und freuten uns an den einzelnen Lichtstreifen am Fußboden," berichtet Grillparzer in seiner Selbstbiographie. Es ist wie ein Symbol für die Freudlosigkeit seiner Kindheit.

Das Unfreundliche der Wohnung wurde noch dadurch erhöht, daß sie sich über allerhand dunkle Gänge und Treppen gleichsam ins Unermeßliche zu verlieren schien. Gewisse Teile der Wohnung durften von den Kindern nicht betreten werden, und das Verbot lockte die Neugier, die bald eine Beimischung von Grauen erhielt, weil sich für das Verbot keine ausreichende Erklärung finden ließ. Be-

sonders die sogenannte „Holzlage“, ein völlig lichtloses
Gewölbe von ungeheurer Ausdehnung, in dem Treppen
nach höher gelegenen Räumen führten, erweckte in dem
kleinen Franz ein geheimes Gruseln. Seine aufgeregte
Phantasie bevölkerte das modrige Gelaß mit Räubern
und Gespenstern, und nur schwer vermochte er sich dann
und wann zu entschließen, das Gewölbe zu betreten.

In dieser Wohnung wuchs Grillparzer mit zwei
jüngeren Brüdern auf — ein vierter sollte sich erst spät
hinzugesellen. Aber zwischen den Kindern gab es wenig
Gemeinsamkeit. Karl, der Zweitgeborene, war ein trotziger,
störrischer Knabe, jähzornig und nicht geneigt, sich anzuschließen. Der Drittgeborene, Kamillo mit Namen, ein
bildschönes Kind und von den Frauen verhätschelt, legte
von früh auf durchaus weibliche Neigungen an den Tag;
Häkeln und Stricken war seine Lieblingsbeschäftigung, und
für Knabenspiele zeigte er wenig Sinn. So war Grillparzer schon in seinen ersten Lebensjahren, obwohl von
Geschwistern umgeben, doch im innersten einsam.

In dieses trübselige Leben wurde etwas Abwechselung
gebracht, als der Vater gemeinsam mit seiner Schwieger-
mutter und einem Schwager ein Landhaus in Enzersdorf
kaufte, wo die Familien den Sommer über wohnten. Die
Vettern Grillparzers, wie es scheint recht lebhafte Jungen,
wären treffliche Spielkameraden gewesen. Aber die Ver-
einsamung hatte den kleinen Franz schon zu scheu gemacht, es fehlte ihm an der richtigen Kinderfröhlichkeit.
Überdies bekam das Gruseln, das ihm die Stadtwohnung
eingeflößt, hier neue Nahrung. Auch hier gab es nämlich
allerlei Verbote. So hatten die Kinder den hintersten
Teil des Gartens, der sich zwischen einem Teich und
der Gartenmauer hinzog, zu meiden. Wuchernder Lattich
dehnte da unter dichtem Gebüsch seine breiten Blätter,

und die feuchte Dämmerung dieses stillen Winkels hatte
für Franz etwas schauerlich Geheimnisvolles.

Wie gesättigt seine Phantasie damals mit Gespenster-
vorstellungen war, dafür erwähnt er selbst einen ungemein bezeichnenden Vorfall. Er spielte einst mit seinem
Bruder Karl allein im gemeinschaftlichen Speisesaale;
plötzlich schrieen beide Kinder zu gleicher Zeit auf; sie
hatten, wie sie den Herbeikommenden erzählten, einen
Geist erblickt. Auf die Fragen, wie dieser Geist denn
ausgesehen habe, antwortete Karl nüchtern genug: wie
ein „Hörndler" (Hirschkäfer). Franz aber, phantastischer
als er, erklärte, es sei eine schwarze Frau mit einem
großen Schleier gewesen. Daß Grillparzer noch in
seinem Alter sich dieses Vorfalls erinnerte, beweist, wie
tief der Eindruck in seiner Seele haftete, und unmöglich
scheint es nicht, daß damals zuerst die Ahnfrau an seinem
aufgeregten Sinn vorüberschwebte.

In Enzersdorf wurde er mit den Anfangsgründen
der Bildung bekannt gemacht. Ein alter Schulmeister
weihte ihn in die Geheimnisse des Buchstabierens ein,
ohne daß aber der Schüler, wie es scheint, wesentliche
Fortschritte gemacht hätte. Da Franz offenbar schon
damals musikalische Anlage verriet, beschloß die Mutter,
ihrem Liebling das Klavierspiel beizubringen. Sie selbst
leitete den Unterricht. Allein mit der leidenschaftlichen
Heftigkeit ihrer Natur brachte sie sich um jeden Erfolg.
Das begreifliche Ungeschick des Anfängers reizte die sonst
so zärtliche Frau zu schweren Zornesausbrüchen, unter
denen der leicht verstörte Knabe auf das bitterste litt.
So wurde ihm das Klavierspiel gleich im Anfange, wie
er selbst sagt, zu einer Höllenqual.

Die Mutter begriff bald ihre Unfähigkeit zum Unterricht, und in die Stadt zurückgekehrt, nahm man für

Franz einen Klavierlehrer auf. Leider war die Wahl keine glückliche. Johann Mederitsch, oder wie er gewöhnlich genannt wurde: Gallus, war ein Sonderling, dem es ebenso an ernstem Fleiß wie an jeder vernünftigen Methode fehlte. Er führte seinen Zögling in den bezifferten Baß ein, vernachlässigte aber gänzlich seine technische Ausbildung. Übrigens trieb er während des Unterrichts die kindischsten Possen, und Grillparzer berichtet, er sei mit seinem Lehrer mehr unter dem Klavier herumgekrochen, als daß sie darauf gespielt hätten. Die Mutter sah das alles, ließ sich aber besänftigen, da Gallus am Schluß der Stunde so herrlich zu phantasieren pflegte, daß sie sich daran nicht satt hören konnte.

Als Gallus häufiger und häufiger ausblieb, trat seine Schwester an seine Stelle; später übernahm eine andere Dame den Unterricht, an dem nun auch Kamillo teilhatte. Grillparzers Abneigung gegen das Klavierspiel verlor sich nicht, ja sie wurde nur noch heftiger, als ihm der Vater seinen sehnlichen Wunsch, die Violine zu erlernen, kurz verweigerte. Trotz alledem und obwohl er selbst das Gegenteil behauptet, muß er in dieser Zeit doch etwas Tüchtiges gelernt und sich auch eine bedeutende technische Fertigkeit angeeignet haben. Ein eigenartiger Vorfall, der äußerst bezeichnend ist für die scheue Zaghaftigkeit seines Wesens, führte übrigens zum plötzlichen Abbruch seiner musikalischen Studien. Grillparzers Vater gab eine große Gesellschaft, und Franz sollte gleich seinem Bruder Kamillo die Anwesenden durch sein Klavierspiel unterhalten. Er aber verkroch sich in das Bett eines Bedienten und kam nicht eher zum Vorschein, als bis die Gäste sich entfernt hatten. Der Vater, weiblich erzürnt über diese Unvernunft und Undankbarkeit, ließ den musikalischen Unterricht als zwecklos einstellen, und von dieser Stunde an hat Franz durch fast acht Jahre keine Taste mehr berührt.

Die Unterweisung in den Schulgegenständen nahm mittlerweile ihren Fortgang — nicht immer auf ebenen Wegen, aber im ganzen mit leidlichem Erfolge. Von Gallus' Schwester, die doch eigentlich seine Klavier= meisterin war, lernte er unter der Hand das Lesen, wie er denn auch später zu öfteren Malen nebenher sich etwas aneignete, was er auf die vorgeschriebene Art nicht er= reicht hatte.

Obwohl ihm die nötigen Kenntnisse im Rechnen und in der Sprachlehre abgingen, wurde er doch gleich in die zweite Klasse einer Privatschule aufgenommen. An ordentlicher Zucht mangelte es. Der Vater drängte vor= wärts und meinte, die Lücken würden sich ausfüllen lassen, der Knabe betrieb das, wozu er gerade Lust hatte, und die Lehrer drückten gelegentlich beide Augen zu. Grill= parzer absolvierte die Schule, stand aber nach wie vor mit dem Rechnen und der Grammatik auf schlechtem Fuße. Mit dieser hat er sich später allerdings vertraut gemacht, jenes aber blieb ihm bis zum Ende seines Lebens eine kitzlige Sache.

In diese Zeit fällt auch die erste Lektüre Grillparzers. Etwas kraus war es damit bestellt. Er las, was ihm gerade in die Hand kam: das Neue Testament, die Wunder= geschichten des Paters Kochem, das Textbuch der Zauber= flöte, in das ihm das Stubenmädchen Einblick gewährte, und eine Übersetzung des Quintus Curtius, die ihm ein versoffener Tischler schenkte. So bunt und so scheinbar ungeeignet diese Lektüre war, so bleibende Eindrücke ver= dankte er ihr. Er las nicht wie andere Kinder mit den Augen, er las mit seiner lebhaften, tief eindringenden Phantasie. Das Lesen war für ihn eine Arbeit, die den ganzen kleinen Menschen hernahm, und wenn er ein Buch aufgeschlagen in Händen hielt, so sah er ins Leben hinein. Alles wurde in seinem Geist zu konkreten, greif= baren Vorstellungen, und was er etwa nicht verstand, das schuf ihm Ahnungen, die mächtig spornten. Er hatte offenbar das Talent, aus jedem Buche gerade das zu holen, was er brauchte, darum war auch jede Lektüre für ihn recht.

Die Heiligengeschichten Pater Kochems nährten seine religiöse Schwärmerei, die schon durch den Besuch der katholischen Kirchen mit ihrem mystischen Dämmer und Weihrauchduft, durch das Gepränge des Meßopfers, den Pomp der österlichen Zeremonien und dergleichen geweckt war. Er verspürte große Lust, den Märtyrern nachzu= eifern, und wollte Geistlicher werden. Von seinem Bruder assistiert, las er daheim vor einem improvisierten Altare Messen und hielt von einem Stuhle herab Predigten, wie das einst der junge Schiller getan. Aber während diesen ein echter Predigerdrang dazu getrieben hatte, lockte den kleinen Grillparzer mehr das Ausdrucks= und Wirkungsvolle der Situation. Um es kurz zu sagen: er spielte sich und seinem Publikum, das zumeist nur aus der alten Köchin bestand, eine schöne Komödie vor.

Gerade in seiner religiösen Erziehung zeigte sich ja auch ein bemerkenswerter Zwiespalt. Katholische An= schauungen, Wunderglaube, mystische Überschwenglichkeit des Gefühls wurden ihm durch die Schule und die öffent= lichen Gebräuche nahe gebracht. Daheim aber begegnete all dies — wenigstens auf Seite des Vaters — einer äußerst kühlen Skepsis. Dem Knaben, der sicherlich scharf beobachtete, mußte auf diese Weise früh die Sicherheit des Empfindens verloren gehen. So war seine religiöse Schwärmerei in der Tat mehr ein Spiel der Phantasie als Gefühlssache. Als er nun gar gelegentlich eine schroff atheistische Äußerung seines Vaters aufschnappte, war es mit seiner Gläubigkeit ein= für allemal vorüber.

Ab und zu wurde Grillparzer nun auch ins Theater geführt. Eine italienische Oper war das erste Stück, das er sah. Sie langweilte ihn, und nur an einer burlesken Szene fand er Gefallen. Es scheint fast, daß der Gesang ihn störte, und das ist um so bezeichnender, als er ja trotz seiner Abneigung gegen das Klavier eine große Empfänglichkeit für Musik besaß. Ward ein Namenstag der Kinder begangen, so schloß die Feier gewöhnlich mit einem Besuch des Leopoldstädter Theaters, und hier gefiel es Grillparzer schon besser. Der Reichtum an aufregenden Geschehnissen, die lebhafte Pracht der Szenenbilder, die zahlreichen, kunstvoll ausgeführten Verwandlungen machten einen starken Eindruck auf das Gemüt des schau= lustigen Knaben. Ein Vetter, der in der Kanzlei von Grillparzers Vater beschäftigt war, verschaffte ihm heimlich allerhand Komödienbücher, die natürlich verschlungen wurden. All das regte zur Nachahmung an. Mit seinen Brüdern, einem Vetter namens Albert Koll und dem Töchterchen des Klavierlehrers Gallus führte der kleine Franz allerhand Ritterstücke auf, deren Verlauf er freilich nur ganz im allgemeinen bestimmt hatte und die zuletzt regelmäßig in eine Prügelei ausgingen. Aus den ab= gelegten Kleidern der Mutter wurden die nötigen Kostüme zurechtgeschnitten. Als aber ein entfernter Verwandter, der, obwohl bedeutend älter, gleichfalls mittat, den Brüdern unter dem Vorwande, Helme und dergleichen zu beschaffen, Geld aus der Sparbüchse lockte, fand die ganze Herrlichkeit ein jähes Ende.

Mittlerweile war Franzens Vorbildung so weit ge= diehen, daß man mit dem lateinischen Unterrichte beginnen konnte. Grillparzers Vater, der seinen Sohn nicht in die öffentliche Schule schicken mochte, nahm einen Hauslehrer auf. Bedauerlicherweise traf er auch hierin nicht die richtige Wahl. Gärtner, der neuengagierte Hofmeister, war just so ein Sonderling wie Gallus. Ein „sonderbares Gemisch von innerem Fleiß und äußerlicher Indolenz" sagt ihm Grillparzer nach. Ursprünglich Theologe, warf er sich dann auf die Medizin und schließlich auf die Jurisprudenz. Ein Mann von ausgebreiteten Kenntnissen und gediegener Bildung, aber unordentlich und träge, wußte er sich bei seinen Schülern nicht den mindesten Respekt zu verschaffen. So maßlos träge war er, daß er nicht einmal die Schulbücher für seine Zöglinge anschaffte, und fast ein Jahr verging, ohne daß irgend etwas gelernt wurde. Durch einen Zufall kam der Vater, dem der Lehrer als Vertrauensperson galt, die er nicht überwachen wollte, auf die heillose Mißwirtschaft. Es wurde großes Gericht gehalten und Gärtner seines Postens entlassen.

Allein die Prüfung stand vor der Tür, und guter Rat war teuer, zumal Dr. Wenzel Grillparzer als gestrenger Vater und genauer Rechner das Jahr, das mit Nichtstun hingegangen war, durchaus nicht wollte verloren geben. So wurde denn ein neuer Lehrer bestellt, der binnen wenig Wochen dem armen Franz die versäumten und doch so nötigen Kenntnisse eintrichtern sollte. Die Prüfung kam heran, das Opferlamm hatte kaum Aussicht, sie zu bestehen. Aber der Examinator war ein leidenschaftlicher Gartenfreund, und Dr. Wenzel sendete ihm in Würdigung dieses Umstandes ein halb Dutzend prächtiger Oleanderstöcke in Kübeln. Das tat seine Wirkung, Franz kam durchs Examen und wurde in die zweite Klasse versetzt. Immerhin ist es sehr charakteristisch, daß der-

ſelbe Dr. Grillparzer, der allenthalben als ein Muſter
katoniſcher Redlichkeit galt· und ſelbſt gewiß keinen un=
rechten Kreuzer in die Taſche geſteckt hätte, es doch nicht
bedenklich fand, die Gewiſſenhaftigkeit eines Lehrers in
Verſuchung und, wie der Erfolg zeigte, zu Falle zu
bringen.

In der Lateinſchule zu St. Anna machte Franz nur
höchſt mittelmäßige Fortſchritte. Der Eifer, den er an=
fänglich an den Tag legte, erkaltete, da er ſich als vergeb=
lich erwies, mehr und mehr, und ſo beſchränkte ſich Grill=
parzer auf das ſchlechterdings Unerläßliche.

Dafür aber ergab er ſich in den ſchulfreien Stunden
mit wahrer Leidenſchaft einer ausgebreiteten Lektüre. Die
Bibliothek einer Tante und die des Vaters ſteuerten dazu
bei. Damals zuerſt ſcheint er mit hervorragenden Werken
der poetiſchen Literatur bekannt geworden zu ſein. Gozzis
„Rabe“ zog ihn mächtig an, und die ſüßlichen Jdyllen
Geßners entzückten ihn, wie er ſie denn noch ſpät, bloß aus
der Erinnerung an den ehemaligen Eindruck, in Schutz
nahm. Mit heller Begeiſterung las er den Götz, Clavigo
intereſſierte ihn begreiflicherweiſe weit weniger, die
Piccolomini fand er langweilig — Wallenſteins Tod bekam
er nicht zur Hand — und an Nathan ſtörte ihn gar der
Vers. Er ſah darin nur „eine wunderliche Abteilung der
Zeilen“ — merkwürdig genug, da er an den Piccolomini,
wie es ſcheint, keinen Anſtoß nahm. In der Tat iſt
der Leſſingſche Vers weit äußerlicher und willkürlicher
als der Schillerſche, der von innerem Schwung und Rhyth=
mus getragen iſt. Faſt darf man vermuten, der junge
Grillparzer habe das, obwohl in die Geheimniſſe der
Metrik noch völlig uneingeweiht, mit richtigem Gefühl
herausgeſpürt. Wenn einer ſeiner Lehrer ihm vorwarf,
er habe unter allen ſeinen Mitſchülern „das wenigſte

Ohr für den Vers", so tat ihm der gute Mann wohl bitter unrecht damit.

Eifriger noch als mit diesen Dichtungen beschäftigte sich Grillparzer übrigens mit wissenschaftlichen Werken. Cooks Weltumseglung und Buffons Naturgeschichte erschlossen ihm neue Welten, in die er sich rasch und gründlich einlebte. Den nachhaltigsten Einfluß auf ihn übte jedoch Guthrie und Grays Weltgeschichte, ein höchst umfangreiches Werk, das er zu wiederholten Malen und mit größter Beharrlichkeit durchstudierte. Geschichte ist ja zu allen Zeiten seine Lieblingswissenschaft geblieben; keine hat ihn so mächtig angezogen, keine so seinen ganzen Menschen erfüllt wie sie. Immer wieder war es ihm ein neuer Reiz, die vielgestaltige Entwicklung menschlicher Verhältnisse sinnenden Auges zu überblicken, den geheimen Triebfedern bedeutender Taten nachzuspüren, in interessante Charaktere sich fühlend und ahnend einzuleben und den verborgenen Sinn in der Verkettung der Ereignisse — die wunderbare Bedeutsamkeit des scheinbar Zufälligen — zu enträtseln. In der intimen Vertrautheit mit der Geschichte wurzelte die frappierende Sicherheit seines politischen Urteils, die er im späteren Leben so oft bewährt hat, und nicht minder ist sie ihm zum Regulativ für seine philosophischen Anschauungen geworden, vor allem freilich eine reiche Quelle dichterischer Eingebungen. Schon seinen ersten ernsthaften Versuchen auf dem Gebiete des Dramas liegen historische Stoffe zugrunde, und ohne Zweifel hat Guthries und Grays Weltgeschichte die Anregung dazu gegeben.

So hat sich Grillparzer in den ersten Jahren seines Gymnasialstudiums gleichsam im Verborgenen entwickelt, und erst in den sogenannten Humanitätsklassen, die etwa unserem Obergymnasium entsprachen, wurden die Lehrer gelegentlich auf seine Begabung aufmerksam. Zunächst bot eine „deutsche Hausarbeit" Veranlassung dazu. Die Schüler sollten einen Aufsatz über die Vergänglichkeit der Zeit schreiben. Grillparzer war in arger Verlegenheit; denn ihm fiel durchaus nicht ein, was sich Bemerkens=wertes darüber sagen lasse. Da bekommt er durch Zufall Einblick in die Arbeit eines Schulkameraden. Nur den ersten Satz liest er: „Wo ist Caesar, wo ist Pompeius hingekommen?" Und nun geht ihm plötzlich ein Licht auf. Er setzt sich hin und schreibt ohne Unterbrechung und ohne Korrektur die Arbeit nieder, die dann den ver=wunderten Beifall des Lehrers findet.

Ähnlich erging es ihm, als den Schülern über einen Sonntag die Aufgabe gestellt war, ein deutsches Gedicht über einen beliebigen Gegenstand zu verfassen. Während Eltern und Geschwister einen Ausflug machten, saß Grill=parzer verzweifelnd daheim und sann vergeblich auf ein Gedicht. Die Nacht brach herein, der Mond stieg über die Dächer, und wie Grillparzer seinen Blick zu ihm erhob, da fielen ihm auf einmal, er wußte selbst nicht wie, die folgenden Strophen ein:

Wandle, wandle, holder Schimmer,
Wandle über Berg und Au,
Gleitend wie ein kühner Schwimmer
In des stillen Meeres Blau.

Sanft mit Silberglanze schwebest
Du so still durchs Wolkenmeer
Und durch deinen Blick belebest
Du die Gegend ringsumher.

Mit einiger Mühe fügten sich weitere Strophen an, und das Gedicht war fertig. Das ausschließlich auf die

Stimmung Gestellte seiner Natur, die eruptive Art zu arbeiten zeigte sich so schon in der Schule. Der glückliche Augenblick mußte geben, was Tage und Wochen hindurch nicht gelingen wollte.

Die besondere Aufmerksamkeit seines Lehrers erweckte er aber, als man zur Interpretation des Horaz kam. Er hatte das Lateinische bisher vernachlässigt; jetzt, da ihm die Lektüre fesselte, holte er das Versäumte rasch und gründlich nach. Vor allem aber fiel er dadurch auf, daß seine Sinn- und Sacherklärungen immer richtig waren. Auf die erstaunten Fragen des Lehrers, woher er das alles wüßte, gab er eine Antwort, die für die Eigenart seiner Veranlagung ungemein bezeichnend ist. „Mir schien es so" — das war sein ganzes Argument. Gewiß fehlte es ihm nicht an konkreten Kenntnissen — gerade die eifrig betriebene Lektüre der Geschichte mag ihm da zugute gekommen sein — aber das beste, das, worauf er sich zuerst und zuletzt verlassen konnte, war doch nur die nachtwandlerische Sicherheit seiner Phantasie, der wenige Andeutungen genügten, um sich zurechtzufinden. Nicht durch mühselige Verarbeitung überlieferten Materials, durch naive Intuition traf er das Richtige. So nebensächlich dieser anekdotische Zug auf den ersten Blick erscheint, so deutlich läßt er uns doch das eigentlich Wirksame in Grillparzers Wesen erkennen: die frische Unmittelbarkeit des Erfassens.

Mit seinen Lehrern hat Grillparzer wenig Glück gehabt. Der einzige, dessen er mit einiger Achtung gedenkt, ist der Philologe Stein. Es war dies ein zwar sehr kenntnisreicher, aber abstruser Mensch. Er verstand sein Wissen durchaus nicht mitzuteilen, vergeudete die Lehrzeit dadurch, daß er vom Kleinen ins Kleinste, vom Hundertsten ins Tausendste kam, und forderte durch allerlei Absonderlich-

keiten in Kleidung und Benehmen den Spott der Jugend
heraus.

Schlimmer wurden die Verhältnisse noch, als Grill=
parzer 1804 in den philosophischen Kurs übertrat, der
die Einleitung zu den eigentlichen Universitätsstudien
bildete. Der Lehrer der Philosophie war ein eitler Igno=
rant, der über die Lehren Wolffs nicht hinausgekommen
war und in einer lächerlich komödienhaften Manier gegen
Kant zu polemisieren liebte. Den Ästhetiker nennt Grill=
parzer „das Widerspiel seines Faches“, der Mathematiker
war ein trockener Geselle, der seine Wissenschaft nicht
lebendig zu machen verstand, der Naturhistoriker ritt sein
Steckenpferd, die Geologie, und ließ die anderen Partien
links liegen; am meisten Gefallen fand Grillparzer noch
am Historiker, obwohl er ihm „vollendete Geckerei“ vor=
wirft; es scheint eben, daß ihn die Materie selbst so anzog,
daß er über alle Unarten des Vortrages willig hinwegsah.

Eines schönen Tages war Grillparzer mit einigen
Kameraden Zeuge, wie der Philosoph und der Ästhetiker
einander in die Haare gerieten; sie belegten sich wechsel=
seitig mit den Schimpfnamen Ignorant und Pedant.
Diese erbauliche Szene regte Grillparzer zu seinem ersten
dramatischen Versuch an, dem derb possenhaften Lust=
spiele „Die unglücklichen Liebhaber“. Unter
der Maske von Justizräten treten die Herren Professoren
auf, allerdings stark karikiert, aber doch erkennbar genug
gezeichnet. Die sieben Justizräte lieben ein= und dieselbe
Dame, sie holen sich nacheinander Körbe von ihr und
entführen einander in drolligen Verkleidungen.

Angewidert von der Pedanterie und Unfähigkeit seiner
Lehrer vernachlässigte Grillparzer das Studium mehr und
mehr. Dazu kam noch eine heftige Leidenschaft, die den
kaum Fünfzehnjährigen erfaßte. Er hatte sich in die

Schauspielerin eines Vorstadttheaters verliebt, die, un=
gefähr so alt wie er selbst, zumeist in Kinderrollen auf=
trat. Die natürliche Schüchternheit der Jugend und an=
geborene Scheu hinderten ihn, sich ihr zu nähern, doch
so tief war seine Leidenschaft, daß er, als er erfuhr, das
angeschwärmte Mädchen sei vom eigenen Vater an einen
alten, reichen Mann verkauft worden, in eine nicht un=
bedenkliche nervöse Krankheit verfiel.

Schon in den Humanitätsklassen und noch mehr
während der philosophischen Studien verband Grillparzer
ein recht seltsames Freundschaftsbündnis mit seinem um
etwa drei Jahre älteren Kollegen Josef Ignaz Mailler.
Es war dies der Sohn eines Müllers in Ebersdorf,
ein fleißiger und sehr braver Bursche, der erklärte Primus
der Klasse. Ein sehr ehrenwertes Streben trieb ihn zu
rastloser Beschäftigung mit allem, was zur schöngeistigen
Bildung gehörte. So warf er sich auch mit Feuereifer
und rührender Ausdauer auf die Poesie, die er theoretisch
in ihren Geheimnissen zu erfassen und wohl auch praktisch
auszuüben suchte. Dabei war er aber ein durch und
durch beschränkter Mensch von einem zwar zähen, aber
höchst mittelmäßigen Verstande und ohne Funken von
Phantasie. Kein Zweifel, daß Grillparzer dies erkannte,
wie er sich denn über Charakter und Fähigkeiten seiner
Freunde nie einer weichherzigen Täuschung hingegeben
hat. Trotzdem bildete nach seinem eigenen Geständnisse
Mailler durch lange Zeit seinen einzigen Zusammenhang
mit der schönen Literatur. Viele Stunden verbrachten
die beiden Freunde damit, ihre ästhetischen Ansichten
gegenseitig zu entwickeln und wohl auch ihre eigenen
dichterischen Versuche einander vorzulesen. Was Grill=
parzer zu einem so wenig begabten, ihm so wesensfremden
Menschen hinzog, ist nicht ganz klar. Die naive Gut=

mütigkeit Maillers war kaum ein genügender Anlaß, ebensowenig seine etwas plumpe Begeisterung für Poesie; denn unter den Kollegen Grillparzers werden gewiß noch manche — begabter als Mailler — für die edle Dichtkunst geschwärmt haben. Möglich aber ist das eine, daß Grill= parzer, scheu und zaghaft, wie er war, und stets geneigt, seinen Fähigkeiten zu mißtrauen, sich instinktiv einen Freund aussuchte, in dessen Umgang er täglich und stünd= lich seine eigene Überlegenheit wollüstig zu spüren bekam. Solcher Egoismus ist an ehrgeizigen und jugendlich un= fertigen Naturen nichts Ungewöhnliches und darf wohl auch dem jungen Grillparzer zugetraut werden.

Im Verkehre mit Mailler hat dieser seine ersten lyrischen Gedichte verfaßt. Es sind dies noch recht un= sicher tastende Versuche, mit denen er sich, wie es scheint, zunächst die Form vertraut machte; bemerkenswert ist dabei seine Vorliebe für Trochäen, deren weicher Fluß offenbar seinem musikalischen Empfinden schmeichelte und die ihm auch schon recht wohl gelangen. Dem Inhalte fehlt es, wie begreiflich, an dem kräftigen Impuls. Das eine und andere seiner Gedichte ist ersichtlich ein bloßer Widerhall der in der Schule gepflegten klassischen Lektüre. Daneben zeigt sich aber doch auch deutlich genug das ehr= liche Streben, Selbstgefühltes zu gestalten, und da be= deutende Erlebnisse noch ferne lagen, hielt sich der Fünf= zehnjährige bescheiden an Naturstimmungen, die ihn da und dort einmal ergriffen hatten. Für sie fand er auch den richtigen Ausdruck, schlicht und ohne jugendliche Über= schwenglichkeit; ja so enthaltsam zeigte er sich darin, daß seine Lieder sogar ein wenig trocken herauskamen. Die leidenschaftliche Abneigung seines Vaters gegen alles Falsche und Unechte war auch auf ihn übergegangen, und schon so früh drängte sie ihn zu einem fast übertriebenen

Maßhalten, zu einer herben Sparsamkeit des Wortes, die lieber zu wenig als zu viel tat.

Seine dichterischen Versuche kamen natürlich auch seinem Vater zu Gesichte, der sich davon nichts weniger als erbaut zeigte. Der gute Mann, der die oberste Pflicht eines Menschen in der treuen Erfüllung eines bürgerlichen Berufes erblickte und auf seinen literarischen Schwager Josef Ferdinand nicht gut zu sprechen war, mochte fürchten, sein Sohn könnte gleich diesem durch poetische Neigungen aus dem sicheren Geleise sich drängen lassen; er hielt es daher für geraten, seiner Mißbilligung so scharf als möglich Ausdruck zu geben, und tat dies in einer so heftigen Weise, daß Franz verschüchtert und tief gekränkt sich zurückzog. Es scheint, daß die Mutter tröstete und aufmunterte, obwohl darüber keine unmittelbaren Nachrichten vorliegen.

Mit einem seiner Lieder hat Franz aber doch auch den Beifall seines Vaters erworben. Es ist das beste unter seinen Frühgedichten und geht auf die politischen Verhältnisse der Zeit zurück. Das Jahr 1805 hatte die Monarchie schwer erschüttert, deutlich genug hatte sich der gewissenlose Leichtsinn und die klägliche Unfähigkeit der führenden Männer Österreichs offenbart, und endlich war es so weit gekommen, daß der Feind in die Mauern der Hauptstadt einzog. Wie sein Vater war Franz von glühendem Patriotismus erfüllt und fühlte die Demütigung des Vaterlandes wie eine ihm persönlich angetane Schmach. Sein Schmerz aber ward zur Empörung gegen jene, die das Unglück verschuldet, und ergoß sich in bitteren Vorwürfen. So entstand das Spott- und Zorngedicht „Recht und Schlecht":

„Mit frechen Feinden kriegen
Und sie auch stets besiegen,
Das wär' schon recht;
Doch, ohn' ein Schwert zu ziehen,
Noch immer weiter fliehen,
Ei! das ist schlecht.

— — — — — — — —
— — — — — — — —
— — — — — — — —
— — — — — — — —
— — — — — — — —
— — — — — — — —

Dem Lande Frieden schenken
Und Leut' und Land bedenken,
Das wär' schon recht;
Doch jetzt den Frieden machen,
Worüber alle lachen,
Ei! das ist schlecht.

Wenn man uns reformierte
Und alles anders führte,
Das wär' schon recht;
Jedoch es bleibt beim alten,
Die Schurken läßt man walten,
Ei wahrlich! das ist schlecht."

Die Verse sind ein wenig ungehobelt, der Ausdruck fügt sich nicht immer glatt genug dem Gedanken, und in der Gröblichkeit von Form und Inhalt erinnert das Gedicht an den Ton der Bänkel. Aber bei alledem ist es doch ein echtes lyrisches Gedicht, der spontane Ausdruck einer leidenschaftlichen Erregung. Auch sind mancherlei Vorzüge nicht zu verkennen, Vorzüge, die sich aus der volkstümlichen Behandlung des Stoffes ergaben: so die schlagende Kraft in der knappen Gegenüberstellung von recht und schlecht, das Fehlen jeder poetischen Umschreibung, die selbst rhythmisch (durch Verlängerung der Schlußzeile) zum Ausdrucke kommende Steigerung und nicht zuletzt die deutlich ins Ohr fallende Sanglichkeit.

Gegen den Willen des Dichters, und ohne daß er wußte, wie es geschah, fand das Lied rasch Verbreitung in der ganzen Stadt, und der Vater, froh, daß der Name des Verfassers verschwiegen blieb, konnte sein Wohlgefallen an dem Erfolge doch nicht ganz verbergen.

In seinen Studien aber hatte Grillparzer mittlerweile einen empfindlichen Mißerfolg erlitten. Mit ungenügender Vorbereitung war er an die erste Halbjahrsprüfung gegangen, und das Ergebnis war ein Durchfall. Peinliche Auftritte im Elternhause waren nicht zu befürchten, da der Vater nicht nach der Prüfung fragte und die Mutter Nachsicht übte. Aber Grillparzer selbst war gedemütigt; seine ehrliche, aufrechte Natur konnte sich nicht leichtweg abfinden. „Mein eigenes Selbstgefühl," erzählt er in seiner Lebensgeschichte, „fand sich empört, daß ich mich auf eine so liederliche Weise den Schlechten und Nichtswerten gleich gemacht hatte. Ich beschloß, diesem Treiben ein Ende zu machen, und hielt Wort." In der Tat bestand er schon die nächste Prüfung „cum laude", und mit Beharrlichkeit arbeitete er sich bald zu einem der besten Studenten empor. Die feste väterliche Natur in ihm hatte so den Sieg über alle Zerfahrenheit davongetragen.

III

Die erſten Jünglingsjahre

Mit Ende des Jahres 1806 begann er die juridiſchen Studien. Ein tieferes Intereſſe an ihnen hat er nie gewonnen. Trotzdem betrieb er ſie ſeinem Vater zuliebe, wenn auch mit ausſetzendem Fleiße, ſo doch immer= hin eifrig genug, um ſich mit Ehren zu behaupten; ſeine Profeſſoren hielten ihn ſogar für einen Erzjuriſten. Mit der Beendigung des philoſophiſchen Kurſes lockerte ſich allmählich Grillparzers Verhältnis zu Mailler. Dieſer wendete ſich den theologiſchen Studien zu, ſtarb übrigens bald danach. Dafür gewann Grillparzer neue Freunde. Ein Zufall vermittelte den Verkehr mit dem gaſtfreien Hauſe des Hofſekretärs Franz Andreas von Wohlgemuth, und Joſef, der Sohn dieſes Mannes, ſchloß ſich herzlich an Grillparzer an. Er war gleich ihm Juriſt, aber um ein Jahr in den Studien voraus. Strebſam und fleißig wie Mailler, verfügte er über eine größere Befähigung, kam aber doch, wie es ſcheint, über die Ober= fläche der Dinge nicht hinaus. Seine beſondere Neigung galt der Kantiſchen Philoſophie, und ſo wurde denn manche gute Stunde mit philoſophiſchen Geſprächen zu= gebracht. Ein Vetter Grillparzers, Ferdinand von Paum= garten, ein guter Kerl, aber ein mittelmäßiger Kopf, Johann Kaufmann, ein pedantiſcher Menſch, der mit seinen philosophischen Exkursen selbst den andächtigsten unter seinen Kollegen zu langweilig wurde, und ein gewisser Franz Kerschbaumer, über den nähere Nachrichten fehlen, haben an den freundschaftlichen Zusammenkünften teilgenommen; in der ersten Zeit auch noch Mailler. Den richtigen Zusammenschluß fand der Freundeskreis aber erst, als sich ihm Georg Altmütter zugesellte, der nach einjähriger, nicht ganz freiwilliger Abwesenheit — er war relegiert worden — damals eben nach Wien zurückkehrte. Grillparzer schildert ihn als einen schwarzen, gedrungenen, durchaus nicht hübschen, sogar etwas ordinär aussehenden jungen Mann. Aber er war einer jener Menschen, die durch ihr bloßes Auftreten schon, bevor sie noch ein Wort sagen, ihre Bedeutung verraten. Ein scharfer, unerbittlich exakter Verstand und die Gabe, die Dinge mit eigenen Augen zu sehen, machte ihn allen Kameraden, mit Ausnahme Grillparzers, überlegen. Dabei war er kein trockener Geselle, im Gegenteil von dem glücklichsten Humor getragen. Sein Interesse wendete sich allen möglichen Zweigen des Wissens zu. Obwohl Jurist, beschäftigte er sich eifrig mit Chemie und bewährte darin nach dem Zeugnisse Grillparzers einen wahrhaft genialen Scharfblick, den er nur nicht durch angewandte Arbeit richtig zu verwerten verstand. Er war mehr, als er geworden ist. Beiläufig bemerkt, wendete er sich später ganz der Chemie zu und starb als Professor an der Technik in Wien. Sein energisches, zum Gebieten bestimmtes Temperament ließ ihn bald die Führung im Freundeskreise an sich reißen.

Auf seinen Vorschlag gründeten die jungen Leute am 14. Juni 1818 eine „Gesellschaft zur gegenseitigen Bildung". In wöchentlich wiederkehrenden Versammlungen wurden Aufsätze vorgelesen und die darin be-

handelten Themen einer eifrigen Diskussion unterzogen.
Auch Grillparzer steuerte dazu bei, vor allem, wie das
bei seiner Vorliebe begreiflich ist, historische Arbeiten.
So hielt er eine Rede zum Lobe Rudolfs von Habsburg
und verfaßte einen Aufsatz über das Jahrhundert der
Kreuzzüge. Interessant ist ein Aufsatz über die Ursachen
von Ägyptens früher Kultur. Grillparzer leitete die
Künste der Ägypter aus physikalischen und psychologischen
Quellen her. „Ich war so vertieft in meine Deduktion,"
gesteht er in einer Tagebuchstelle, „daß ich endlich unwider=
leglich bewies, die Ägypter müßten es in der Schiffahrt
der Lage ihres Landes wegen am weitesten gebracht haben,
bis mir endlich einfiel, daß dies Volk vor Psammetich gar
nicht die See befahren habe." Nichts ist bezeichnender
für ihn als diese Entgleisung; alles Erkennen geht ihm
aus lebendiger Anschauung hervor, Vorstellung reiht sich
weiterzeugend an Vorstellung, wobei er dann in Hast
und Drang auch einmal vom richtigen Wege abkommen
kann.

Charakteristisch für ihn sind auch die „Zerstreuten
Gedanken über das Wesen der Parodie". Alois Blumauer
war überholt. Der feiner gewordene Geschmack übersah,
daß auch in seinen Werken eine junge, aufstrebende Kultur
sich aussprach, er fühlte nur das Derbe und Gröbliche
an ihnen heraus, das, was an ihnen volkstümlich war,
und das fand er ordinär, verächtlich. Grillparzer setzt
sich mit Feuereifer für den Mißachteten ein, er wünscht,
daß ein Mann erstünde, „der . . . durch eine andere
Äneis das Geschwätz faselnder Pedanten über die Ver=
ächtlichkeit dieser Dichtungsart zum Schweigen bringe".
Und der Theorie läßt er die Praxis folgen; er versucht
sich selbst in einer parodistischen Dichtung „Mein Traum".
So war er immer; mit allen Kräften wollte er von sich

abschütteln, was ihm wider die Bildung zu verstoßen schien, aber wenn irgend jemand das Heimisch=Volks= tümliche anzugreifen wagte, das Ungebildet=Volkstümliche, das er selbst nicht selten schmähte, dann stand er sofort als dessen feuriger Verteidiger auf.

Der Philosophie gegenüber nimmt er schon damals eine schroff ablehnende Haltung ein. „Es wandelt mich immer ein Lachen an, wenn ich das Wort Philosophie höre," schreibt er in sein Tagebuch, wie er denn zu allen Zeiten eine gewisse Abneigung gegen Wissenschaft im eigentlichen Sinne bekundet hat. Nach einer Andeutung, die er selbst macht, führt man diese Abneigung gewöhnlich auf die Jämmerlichkeit des Unterrichts zurück, den er genossen; er habe die Geringschätzung, die er seinen Lehrern entgegenbrachte, ungerechterweise auf die Wissen= schaft selbst übertragen. Eine genügende Erklärung wird man darin wohl kaum zu finden vermögen, es scheinen noch andere, tiefer liegende Gründe mitgewirkt zu haben, und die Abneigung ging wohl aus der innersten Eigen= tümlichkeit seiner Natur hervor. Schon das Österreicher= tum in ihm mag sich gegen die Wissenschaft gesträubt haben. Immer hat der Deutschösterreicher, ein frischer Sinnenmensch, der auf das unmittelbare Leben gestellt ist, ein gewisses Grauen vor allem abstrakten Wesen empfun= den. Das, was die Überlegenheit der Norddeutschen ausmacht, die gelehrte Bildung, wurde und wird von ihm willig anerkannt; aber wenn er so recht in seinem Element ist, wenn er sich so ganz in seiner Eigenart empfindet, dann spricht er wohl mit einem lustigen Augen= blinzeln von den gelehrten Perücken da draußen — heute so gut wie vor hundert Jahren. Wie sehr Grillparzer diesen Standpunkt teilte, darauf deutet jenes gutmütig spöttische Wort in „Ottokars Glück und Ende" von den

Leuten in Sachsen und beim Rhein, die möglicherweise
„mehr in Büchern lasen".

Und dann war er Dichter! Die Art, wie er die
Dinge in sich aufnahm, war eine völlig andere als die der
landläufigen Wissenschaft. Was ihn an dieser verletzte,
war die unlebendige Methode, vor allem aber das System,
welches das einzelne angeblich erst in den richtigen Zu=
sammenhang fügt, in Wirklichkeit aber um seine gleichsam
persönliche Bedeutung bringt und einfach totdrückt. Die
unbegrenzte Mannigfaltigkeit der Erscheinungen in Kate=
gorien einzuschachteln, die Entwicklung, die aus der Un=
endlichkeit kommt und in die Unendlichkeit geht, gewaltsam
abzuschließen — welchem Geist, der am Lebendigen hängt,
mag das behagen? Die Wissenschaft selbst hat Grill=
parzer allzeit mächtig angezogen, in viele Gebiete des
Wissens hat er sich forschend und betrachtend tief versenkt,
gegraut aber hat ihm vor der Art, wie die Wissenschaft
von den Zünftlern betrieben wurde. So war auch seine
angebliche Abneigung gegen die Philosophie im Grunde
nur eine Geringschätzung der Philosophen. Daß dem
so ist, dafür spricht gerade die oben erwähnte Tagebuch=
stelle. Er meint, „es könne nicht leicht etwas Arroganteres
geben, als wenn wir in dem Zustande, in dem sich unser
Wissen gegenwärtig befindet, von dieser Wissenschaft
reden, die sich so weit erstreckt als das Universum, und
deren erste Elemente vielleicht erst künftigen Jahr=
hunderten . . . aufbewahrt sind." Wie scharfsichtig er
selbst den richtigen Weg erspäht, auch dafür findet sich
in der Tagebuchstelle ein Beleg. Grillparzer erblickt den
Hauptgrund der Nichtigkeit aller Philosophie in der gänz=
lichen Vernachlässigung der Psychologie. „Ohne diese
Wissenschaft," sagt er, „wird es jedem unmöglich bleiben,
in dem Gebiete der Philosophie bedeutende Fortschritte

zu machen; wie will ich das Übermenschliche erkennen, das
überhaupt nur durch analogische Schlüsse von dem Mensch=
lichen aus erkannt werden kann, wenn mir der Mensch
selbst ein Rätsel ist." Tiefen Beobachtungsgeist, ein=
bringenden Scharfsinn, anhaltendes Studium der
körperlichen und geistigen Natur verlangt er von
dem Philosophen oder richtiger Psychologen — denn nur
diesen läßt er gelten —, und so hat dieser angeblich so
grimmige Feind der Philosophie schon als achtzehnjähriger
Jüngling im großen und ganzen den Weg vorgezeichnet,
den die Erneuerer der philosophischen Wissenschaft auch
wirklich eingeschlagen haben und der bis zum heutigen
Tage noch nicht verlassen wurde.

Auch auf die Poesie erstreckte sich die Diskussion der
Freunde, aber da gingen die Ansichten noch weiter aus=
einander als in der Philosophie. Einmal stellte Grill=
parzer den Satz auf, nur der Dichter könne den Dichter
verstehen. Natürlich ließen die Freunde eine so ketzerische
Ansicht nicht gelten; seit der geniale Philister Sokrates
behauptet hat, die Dichter seien von allen Leuten die
ungeschicktesten, über dichterische Werke zu reden, glauben
sämtliche Philister ein geheiligtes Recht auf Kunstkritik
zu haben. Grillparzer natürlich ließ sich von seiner Über=
zeugung nicht abbringen; aber er suchte nach einer aus=
reichenden Erklärung des Widerspruchs in den Meinungen.
„Ich glaube," schreibt er, „die Ursache des Nichtüber=
einstimmens liegt darin, daß sie (die Freunde) unrichtige
Begriffe mit den Worten „Dichter" und „verstehen" ver=
binden. Unter Dichter verstehe ich jeden Menschen, der
eine genug lebhafte Einbildungskraft besitzt, um, wenn er
Anleitung gehabt hätte, ein Gedicht zu machen; dieser
ist Dichter, und wenn er auch nicht eine Zeile in Prosa
oder Versen geschrieben hätte. Und unter Verstehen denke

ich mir nicht das Erraten des Sinnes, sondern ich will
damit sagen: das fühlen, das der Dichter fühlte, als
er seine Dichtung schrieb. Ich glaube, jeder Mensch von
Herz und Gefühl wird mich verstehen und mit mir ein=
stimmen, obgleich ich mich zu schwach fühle, es mit Gründen
zu beweisen. Aber" — und das ist ja in allen Dingen sein
letztes Argument — „ich f ü h l e , was ich sagte." So
wenig er für seine körperliche Existenz eines Nachweises
bedarf, so wenig braucht er einen Beweis für das, was
er in seinem Innersten lebendig spürt; er fühlt's, es ist
in ihm, und darum ist es wahr.

Derlei Gegensätze zwischen Grillparzer und seinen
Freunden kamen wohl öfters zutage, manchmal äußerten
sie sich sogar in recht drastischer Weise; so wenn Grill=
parzer von Wohlgemuth sagte: „Er maßt sich ein Urteil
über meine Talente an, von denen er doch so viel versteht,
als der Esel vom Lautenschlagen." Diese Tagebuchstelle
bildet vielleicht den ersten Beleg für eine Erscheinung,
die Grillparzer selbst oft bitter genug beklagt hat: daß
sein Selbstbewußtsein immer dann am entschiedensten sich
regt, wenn er sich durch Minderwertige verletzt fühlte.
Es scheint übrigens, daß er sich trotz dem regen Verkehr
mit den Freunden innerlich nach wie vor einsam fühlte.
Ein näheres Verhältnis hat ihn nur mit Altmütter ver=
bunden, aber auch ihm gegenüber hat er sich wohl kaum
völlig aufzuschließen vermocht; die Schranken der eigenen
und der fremden Natur spürte er zu deutlich, um sich
ganz rückhaltlos zu geben, und eine gewisse Vergrämtheit
schlägt in seinen Geständnissen schon damals gelegentlich
durch.

War die „Gesellschaft zur gegenseitigen Bildung"
auch eine recht ernst gemeinte Sache, so sorgten die jugend=
lichen Akademiker daneben auch für den Spaß. Sie

gründeten ein „Journal der Torheit", in das verunglückte Aussprüche der Mitglieder mit heiterem Behagen eingetragen wurden. Ein gewisser Zug zu parodistischem Spott, wie er dem Wiener eigen ist, spricht daraus, und die Neigung, Ernstes mit Spielerischem zu verknüpfen, der flinke Wechsel zwischen gut gemeintem Tiefsinn und übermütiger Lustigmacherei ist für den genius loci immerhin bezeichnend.

Auch sonst wurden mitunter, wie Grillparzer eingesteht, die „eigentlichsten Kinderpossen" getrieben. Muckerl, der jüngste Bruder Wohlgemuths, besaß ein Puppentheater. Die Akademiker malten Dekorationen und Figuren und führten damit vor einer zahlreichen Zuhörerschaft die tollsten Stücke auf — je pathetischer, desto besser — indem sie nicht ohne Witz die Rollen untereinander verteilten. Die Schwestern Wohlgemuths und ihre Freundinnen beteiligten sich an den Aufführungen, und so lustig ging es dabei zu, daß die Küsse und Umarmungen, die nach der Vorschrift die Puppen auf der Bühne zu wechseln hatten, auch von den verborgenen Akteuren und Aktricen hinter der Bühne ausgetauscht wurden.

Der vom Vater Wohlgemuth angeregte Versuch, ein Haustheater zu gründen, scheiterte an der Talentlosigkeit der Mitwirkenden; auch Grillparzer machte eine schlechte Figur, zumal er mit der Zunge anstieß, ein Fehler, den er sich jedoch durch beharrliche Übung völlig abgewöhnt hat.

Wie das kaum anders möglich war, verliebte sich Grillparzer in die junge Dame, die beim Puppentheater die Rolle der Liebhaberinnen übernommen hatte. Es war dies eine Freundin der Schwestern Wohlgemuths, Antoinette mit Namen, und, obgleich Braut, erwiderte sie die Neigung des jungen Dichters. Nun zeigte sich

etwas, was für Grillparzer Zeit seines Lebens
charakteristisch blieb. Kaum hatte er Gegenliebe ge=
funden, so begann er mehr und mehr zu erkalten. „Die
Liebe erstarb mir wie eine erlöschende Lampe," bekennt
er; und er war damals siebzehn Jahre alt! Freilich,
als ihm Antoinette, nachdem sie ihm schon längst gleich=
gültig geworden, ein Buch zurückschickte, aus dem ihm
der Duft ihres Parfüms entgegenwehte, da wachte die
alte Leidenschaft plötzlich mit rasender Heftigkeit auf, aber
er tat nichts, um alte Beziehungen wieder anzuknüpfen,
ja er blieb trotz seinem Liebesfieber kühl genug, um
Betrachtungen über das „seltsame Phantom" anzustellen.
Und als Antoinette heiratete, schrieb er in sein Tagebuch,
sie gehe zwar an der Seite eines ungebildeten und rohen
Mannes keiner glücklichen Zukunft entgegen, dürfe sich
aber nicht beklagen, da sie ihrem Manne doch vorweg
die Treue gebrochen habe. So unheimlich sachlich urteilte
er über seine persönlichsten Beziehungen.

Kurz bevor ihn die Leidenschaft zu Antoinette er=
faßte, scheint er für Wohlgemuths Schwester Therese eine
innige Schwärmerei empfunden zu haben. Möglich auch,
daß die beiden Neigungen nebeneinander hergingen und
einander wechselseitig verwirrten. Eine gewisse Ab=
stufung des Gefühls scheint immerhin bestanden zu haben;
die Liebe zu Theresen nennt er rein, jene zu Antoinette
sinnlich.

Man darf sich nicht vorstellen, daß es sich bei alledem
um die unreife Liebe eines Knaben, um das verlockende,
aber bedeutungslose Spiel einer jugendlich erregten Phan=
tasie gehandelt habe. In beiden Fällen war Grillparzer
ernstlich verliebt, und die maßlose Leidenschaft, die ihn
rüttelte, zeigte sich vor allem in wütenden Ausbrüchen
von Eifersucht. Sein eigenes Bekenntnis hierüber ist

wert, gehört zu werden. „Eifersucht,“ schreibt er in sein Tagebuch, „schließt bei mir ganz den Gebrauch der Vernunft aus, und ich schäme mich, wenn ich zurückdenke an einige Beispiele, die mich wirklich zur Klasse der wilden Tiere herabsetzen. Ein eifriges Gespräch der Geliebten mit einem Fremden setzt mich in Wut; ihr Lob aus einem fremden Munde macht mich den Lobenden hassen; wenn sie eines anderen Mannes mit einiger Wärme erwähnt, ist es um die Ruhe meiner Seele geschehen, ich weiß, was ich litt, als ich Theresen liebte; jene Zeit war zwar die süßeste, aber auch die qualvollste meines bisherigen Lebens. Jeder Blick eines Fremden erfüllte mich mit Wut gegen den sie Anblickenden. Nie aber zeigte sich diese Leidenschaft bei mir fürchterlicher, verabscheuungswürdiger, als wie einst K** (vielleicht Kerschbaumer) Antoinetten küssen wollte. Ich vermag es nicht, meine Empfindungen damals zu beschreiben. Ich tobte und zitterte wie einer, den das Fieber schüttelt, meine Zähne waren zusammengebissen, meine Hände geballt! Ich wünschte sehr, ich könnte das Andenken jenes Tages aus meinem Gedächtnisse verwischen! Ich bin überzeugt, daß ich eine Untreue der Geliebten blutig (obschon Mut nicht eben eine der hervorstechendsten Eigenschaften meiner Seele ist) rächen würde.“

Mit unheimlicher Deutlichkeit enthüllt diese Tagebuchstelle die fast wüste Leidenschaftlichkeit von Grillparzers Natur; aber daneben zeigt sich auch das tiefe Entsetzen über die unglückliche Anlage und ein ängstliches Bestreben, die dunklen Mächte zu bändigen. Die mütterliche und väterliche Natur rangen in ihm. Wohl gelang es ihm, in strenger Selbstzucht sich zu zügeln, aber wenn er sich auch nie ganz verlor, er hatte sich ebensowenig fest und sicher in der Hand, und ein verhängnisvoller Augenblick

genügte, um die verheerenden Mächte seiner Seele zu
befreien.

In Therese und Antoinette begegneten Grillparzer
zum ersten Male die beiden verschiedenen, ja einander fast
entgegengesetzten Typen des Weibes, die ihn im späteren
Leben noch so oft wechselweise anzogen, ohne daß er sich
für die eine oder die andere zu entscheiden vermochte:
dort das Weib mit der reinen, unschuldigen Seele, mit
dem treuen Gemüt, das den Geliebten mit sanfter Hand
aus Irrungen und Wirrungen zu schöner Ruhe leiten
will, hier das leidenschaftlich begehrende Sinnenweib, das
heißen Auges zu irdischen Freuden verlockt und in Fehl
und Schuld verstrickt.

Neben diesen verwirrenden Erlebnissen wurden ernste
Studien doch nicht vernachlässigt. Das Brotstudium, die
Jurisprudenz, setzte Grillparzer allerdings nur sozusagen
auf das Pflichtteil, dafür aber wendete er eifrige Sorgfalt
an die Erlernung von Sprachen. Des Lateinischen war
er schon im philosophischen Kursus Herr geworden, nun
suchte er besonders im Französischen sich zu vervoll-
kommnen, aber auch das Englische betrieb er. Vor allem
jedoch beschäftigte er sich eingehend und gewissermaßen
systematisch mit den Werken hervorragender Dichter, deren
Bekanntschaft er früher nur gelegentlich gemacht hatte.
Schiller trat ihm nun zum ersten Male in seiner ganzen
Bedeutung entgegen. Grillparzer war begeistert von ihm.
Ihm, dem geborenen Dramatiker, imponierte die energische
Straffheit im Bau der Schillerschen Dramen, ihr rauschen-
des Pathos riß den Jüngling hin, und der volltönende
Enthusiasmus für Freiheit und Menschlichkeit fand ein
lautes Echo in seinem Herzen. Er stellte Schiller weit
über Goethe, aber bald änderte sich seine Ansicht. Die
Lektüre von Werthers Leiden versetzte ihn in einen wahren

Taumel von Entzücken. Faust, besonders aber Tasso, steigerten diese Empfindung noch; in Tasso fand er — nicht mit Unrecht — sein eigenes Ich greifbar verkörpert. Iphigenie, Clavigo, Die Geschwister und Egmont vollendeten, was jene Werke begonnen, und Grillparzer ruft aus, daß er Goethe anbete. Dagegen erscheint ihm nun alles, was Schiller geschrieben, unleidlich stümperhaft; wie könnten sich seine grobzügigen Freskomalereien neben der herrlichen Fülle intimster Lebensbilder sehen lassen, die Goethe vor unseren Augen ausschüttet? Dort ein schematisch kontrastierendes Spiel mit allgemeinen Ideen ohne persönlichen Reiz, hier ein fast dämonisches Eindringen in die Tiefen der Menschennatur. Grillparzer kann gar nicht genug scharfe Ausdrücke für seine Mißachtung Schillers finden. Kabale und Liebe nennt er ein elendes Machwerk, hämisch spricht er von den „breiten Worten" und spottet auf die hohen Stelzen, auf denen Schiller einhergehe. Geradezu unverantwortlich scheint es ihm, daß Schiller gewagt habe, in Goethes Egmont hineinzupfuschen, wodurch er die reine, ihm unfaßbare Harmonie des Ganzen von Grund aus verdorben habe. Aber neben diesen Ausbrüchen einer leidenschaftlichen Verkleinerungssucht melden sich doch auch Stimmungen der Ein- und Umkehr. Grillparzer gesteht, daß ihm Schillers Dramen nur dann so unausstehlich vorkommen, wenn er bloß an sie denke, wogegen sein Mißfallen sich bedeutend mindere, wenn er sie wirklich lese. So hätten ihn einige Stellen aus der Jungfrau von Orleans bis zu Tränen gerührt, und zweifelnd fragt er sich am Schlusse dieser Betrachtungen: „Sollte ich Schillern unrecht tun?"

Neben Goethe und Schiller trat noch ein anderer großer Dichter damals zuerst in seinen Gesichtskreis: Shakespeare. Über den Eindruck, den dessen Werke auf ihn gemacht, äußerte er sich damals nicht; ohne Zweifel hat er sie aber gründlich und mit tiefer Versenkung gelesen. Es zeigt sich wenigstens, daß manche seiner ersten dramatischen Versuche ganz von dem Geiste des Briten beherrscht sind.

Selbstverständlich haben jene Tage auch mancherlei Dichtungen gezeitigt, vor allem Lyrisches. Grillparzers Lieder gewinnen allgemach glattere Form, obwohl Härten noch da und dort zu spüren sind. Inhaltlich zeigen sie eine stetig sich steigernde Selbständigkeit. In manchen von ihnen klingen die Herzenserlebnisse Grillparzers nach, Theresen und Antoinetten werden neben deutschen sogar auch französische Verse gewidmet, die gar nicht ohne Reiz sind. Auch etliche Balladen finden sich unter diesen Frühgedichten, die beste darunter wohl „Das Grab am Walde", ein Gedicht von 37 Strophen, das bei aller Breite, Umständlichkeit und Unbeholfenheit durch starken Gefühlsgehalt sich auszeichnet. Unter den Liedern gibt das kurze Gedicht „Der Kuß" der schwülen Liebesstimmung jener drangvollen Zeit am besten Ausdruck:

> „Auf die Hände küßt die Achtung,
> Freundschaft auf die offne Stirn,
> Auf die Wange Wohlgefallen,
> Sel'ge Liebe auf den Mund;
> Aufs geschloßne Aug' die Sehnsucht,
> In die hohle Hand Verlangen,
> Arm und Nacken die Begierde;
> Überall sonst hin Raserei!"

Neben diesen lyrischen Tändeleien lockte ihn aber vor allem jenes Gebiet der Dichtung, auf dem er später seine eigentliche Bedeutung gewinnen sollte: das Drama. Im Jahre 1807 entwarf er sein Erstlingswerk, die fünf-

aktige Jambentragödie „Blanka von Kastilien",
die in den nächstfolgenden zwei Jahren noch mancherlei
Umgestaltung erfuhr. Er stand damals noch ganz unter
dem Einflusse Schillers, dessen Don Carlos fast Szene
für Szene das Vorbild für die „Blanka" abgab. Grill=
parzer war sich seiner Unselbständigkeit vollkommen be=
wußt. Noch 1809 bekennt er: „Meine Nachahmungs=
sucht übersteigt alle Grenzen. Alle meine Ideen fügen
sich nach jüngst Gelesenem. — Ich fürchte, ein neuer
Beweis, daß ich nicht leicht exzellieren werde," fügt er
hinzu, wie denn in seinem Tagebuche die bange Frage,
ob er ein Dichter sei, des öfteren wiederkehrt.

Der Stoff des Trauerspiels ist der Geschichte Pedros
des Grausamen entnommen. Dieser Monarch hat durch
zahlreiche Willkür=Akte sein Volk zur offenen Rebellion
getrieben. Einer seiner natürlichen Brüder, Heinrich Graf
von Trastamara, steht an der Spitze der Aufständischen,
er hat den König bereits arg in die Enge getrieben;
der zweite Bruder aber, Federigo de Guzman, beharrt
trotz allen Verlockungen bei seiner dem Könige geschwore=
nen Pflicht, obwohl seine Mutter auf das Geheiß Pedros
war ermordet worden. Als Kommandant von Xeres be=
kommt er den Auftrag, eine Dame, die gefangen ein=
gebracht wird, zu bewachen; es ist dies Blanka, die Ge=
mahlin des Königs, die diesem bisher — warum, das
wird nicht deutlich — noch unbekannt ist. In ihr erkennt
Federigo jene Blanka, zu der ihn einst in Frankreich,
ohne daß er ihren Namen wußte, eine reine Liebe hin=
gezogen hatte. Um der Pflicht gegen das Vaterland zu
genügen, hatte er sie verlassen, mit dem festen Vorsatz,
zu ihr zurückzukehren. Jetzt, da er sie als Gemahlin
seines Königs wiederfindet, tritt die Versuchung aber=
mals an ihn heran. Einer der Verschwörer hat sich

als Pilger eingeschlichen und sucht ihn zum Anschluß an die Rebellen zu bewegen. Aber, wie sehr er auch mit sich kämpfen muß, er bleibt treu.

Da kommt der König mit dem Minister Padilla und dessen Schwester Maria, seiner Maitresse; es zeigt sich, daß er ganz von dem Willen dieser Kreaturen abhängig ist. Zufällig tritt auch Blanka in den Saal; erschreckt will sie gleich wieder fliehen, Pedro entbrennt aber augenblicklich in heftiger Liebe zu ihr. Sie fällt ohnmächtig in die Arme Federigos, und durch die Ausrufe: „Federigo! — Blanka!" werden die Beziehungen der beiden verraten.

Nun beginnen Padilla und Maria ihr Intriguenspiel. Es gilt, den König von seiner plötzlich erwachten Leidenschaft für Blanka abzubringen, und diese selbst, wie auch Guzman, zu verderben. Zu diesem Zwecke reden sie dem Könige ein, die beiden hätten sich mit den Rebellen verbündet, um ihn vom Throne zu stürzen. Dadurch bringen sie ihn dahin, ein Todesurteil gegen Frederigo und Blanka „auf jeden Fall" auszustellen. Frohlockend zeigen sie es Federigo.

Dieser will nun Blanka zur Flucht bereden, allein sie bleibt ihrer Gattenpflicht treu. Federigo entdeckt, daß ein Kämmerer sich in Blankas Gemächer eingeschlichen, wie er glaubt, um sie zu ermorden. Er will sie nun selbst gegen ihren Willen retten. Da erscheint aber Padilla, nimmt ihm die Schlüssel zum geheimen Gange ab und verweist die Königin in ihre Gemächer, wo sie strenge bewacht werden soll. In diesem Augenblicke nähert sich der Abgesandte der Rebellen wieder. Von nun an wird die Handlung immer verworrener. In sich überstürzenden Szenen wird Federigo immer wieder vor die Wahl zwischen Liebe und Pflicht, zwischen Abfall und Treue gestellt; er schwankt unentschlossen hin und her; fester

ist die Königin, die vor den gleichen Konflikt gestellt wird.
Dazwischen sehen wir Padilla und seine Schwester am
Werke, das Liebespaar dem Untergang zu weihen, der
König erscheint im Halbwahnsinn, vor seinen irren Augen
das Bild der Königin, die er liebt, aber für eine Ehe=
brecherin hält, endlich sehen wir Maria von Grauen
gepackt und in reuiger Zerknirschung. Ihr Geständnis
kommt aber zu spät. Eben, als die Königin auf die
neuerlichen Bitten Federigos doch fliehen will, nahen die
Häscher und machen die beiden nieder. Aber auch Maria
stirbt. Die Rebellen erstürmen die Burg. Der König
schließt sich trotzig ein mit den Worten: „Hier sollen
sie mich finden."

Das jugendlich Unfertige an dem Stück ist unschwer
zu entdecken. Vor allem fällt ein gewisser Schwulst nicht
nur des Ausdrucks, sondern auch des Inhalts auf. Die
Diktion ist außerordentlich wortreich und streift in ihrer
Überschwenglichkeit bisweilen hart ans Phrasenhafte; die
Grillparzer eigentümliche Enthaltsamkeit konnte dem
mächtigen Einflusse Schillers nicht standhalten. An
manchen Stellen, in denen eine Stimmung lyrisch sich
verdichten soll, sind förmliche Opernarien eingestreut, und
da ist es zweifelhaft, ob etwa die Braut von Messina oder
die Märchendramen der Leopoldstadt Vorbild gewesen ist.
Von jugendlichem Ungeschick zeugt es ferner, daß alle
Personen mit der größten Offenherzigkeit die geheimsten
Beweggründe ihres Seins und Tuns enthüllen. Manch=
mal erinnert das geradezu an jene Eröffnungskuplets, mit
denen sich in Volksstücken die wichtigeren Personen dem
Publikum vorstellen. Der Dichter versteht es noch nicht,
h i n t e r die Worte schauen zu lassen, eine Kunst, die
er später so meisterlich handhabt. Unbeholfen ist auch
in mancher Beziehung die Szenenführung, obschon gerade

darin nicht allzu viel versehen ist. Wohl aber macht es Grillparzer ersichtliche Schwierigkeit, das Stoffliche zu bewältigen und die äußeren Beziehungen klar genug darzulegen.

Bei allen Schwächen finden sich aber doch auch bedeutende Vorzüge in dem Stück, so vor allem die kräftige, rücksichtslos vorwärtsdrängende Leidenschaft. Die Haupteigenschaft des Dramatikers, seine Figuren in immer neue, frappierende Situationen zu bringen, bewährt Grillparzer in vollem Maße. Er geht dabei ein wenig roh zu Werke, er braucht stets starke, äußere Hilfsmittel, die Situationen wachsen nicht von innen heraus, Intrigue ist das treibende Element, trotzdem ist seine Energie beachtenswert. Auch erkennt man, daß die Charaktere bei aller Unbeholfenheit ihrer Darstellung klar und sicher geschaut sind. Die Neigung zur Überschwenglichkeit verleitet Grillparzer nur selten, seine Charaktere ins Sentimentale zu verzeichnen. Sie beharren fest in sich selbst.

Vor allem in Einzelheiten ist allerlei Schönes verstreut. So ist gleich die Eröffnungsszene von einer frischen Lebhaftigkeit, die gewinnt. Die Art, wie da der tückisch schleichende Kämmerer Haro und der offene Federigo Guzman gegeneinander ausgespielt werden, verrät den künftigen Meister. Echt grillparzerisch ist die Antwort, die Federigo dem Kämmerer erteilt. Dieser erklärt in ziemlich arrogantem Tone, der Name und Stand der Gefangenen (Blankas) müsse unbekannt bleiben. Lächelnd erwidert Federigo:

> Das hab' ich gemein
> Mit Leuten euresgleichen, Kämmerer:
> Was ich nicht weiß, verrat' ich nicht.

Ein andermal fällt die epigrammatische Schärfe des Dialogs auf.

Pabilla: Diego, bist du mir treu?

Diego: Wie Euer Schatten!

Pabilla: Das heißt, so lang des Glückes Sonne lacht.

Grillparzer muß an dieser Wendung selbst großes Ge=
fallen gefunden haben; er nahm sie Wort für Wort in
ein späteres Drama „Robert von der Normandie"
hinüber. Aber auch Wendungen von äußerster Zartheit
stehen ihm schon zu Gebote. Nach all der Freude und
bitteren Enttäuschung des Wiedersehens beschwört
Federigo die Königin, die alte Liebe zu erneuern, und da
sie sich beharrlich weigert, ruft er verzweifelt aus, er
könne dann nur sterben oder — morden.

Blanka: Sprich es nicht aus, das fürchterliche Wort!
                    Federigo, weich dem Schicksal, dulb und —
Federigo: Was?
                    Was, Himmlische?
Blanka (schmerzlich):   O Gott!
Federigo: Du tötest mich.
                    O sprich ein sanftes Wort! — Vollende! — sprich!
Blanka: Und — und vergeßt nicht!

Dieses „Vergeßt nicht!", das wider Willen enthüllt, was
die lange sich Weigernde verbergen will, könnte auch in
einem der reifsten Werke Grillparzers stehen, ja es er=
innert von fern an das „Komm morgen denn!", mit dem
die liebliche Hero nach sittsamen Bedenken die Bitten
ihres Leander erhört.

Bezeichnend für Grillparzers Gesinnung, die tief im
Josefinismus wurzelte und bei aller Freiheitsliebe doch
niemals republikanische Färbung zeigte, ist die unbedingte
Verehrung des Gottesgnadentums, das er auch dann nicht
angetastet wissen will, wenn der Träger der Krone wie
Pedro ein Verbrecher ist. Seine Natur, die zwischen so

4*

viel gegenſätzlichen Kräften hin- und hergeſtoßen wurde,
verlangte wenigſtens für das geſellſchaftliche Leben einen
feſten Halt, und dieſen erblickte er in der landesherrlichen
Macht. Sie galt ihm als Symbol und Verkörperung der
Ordnung, und darum war ſie ihm unter allen Umſtänden
heilig. Wie wenig dabei ſervile Empfindung mit im
Spiele war, beweiſt unter anderem die Karikatur eines
Fürſten, die er ſpäter einmal in dem Fragmente „Alfred
der Große" zeichnete. Nicht die Perſon als ſolche, das
Prinzip, das durch ſie gedeckt wurde, verteidigte er.

In Blanka von Kaſtilien finden wir mancherlei An-
klänge an ſpätere Dramen. So liegt beſonders der Vergleich mit „Ein treuer Diener ſeines Herrn"
ſehr nahe. Hier wie dort derſelbe Konflikt zwiſchen perſön-
lichen Intereſſen und der beſchworenen Pflicht, aber die
Rhetorik des Jugendwerkes iſt in dem Drama des reiſen
Mannes durch vollblütiges Leben erſetzt. Dem entſpricht
wohl auch die ſchwankende Haltung Federigos einerſeits,
die eiſerne Konſequenz Bancbans andererſeits.

Es iſt nicht undenkbar, daß in Blanka und Maria
Padilla die Charaktere Thereſens und Antoinettens im
allgemeinen ſich wiederſpiegeln, wobei man denn, nebenbei
bemerkt, keineswegs annehmen muß, daß dann der Dichter
etwa in der Perſon des Pedro ſich ſelbſt eingeführt habe,
obſchon ihm bei der Zeichnung von Pedros brutaler Eifer-
ſucht wohl eigene Stimmungen vorſchweben mochten. Die-
ſelbe Gruppierung der Perſonen (Pedro — Blanka —
Maria) kehrt übrigens in ſpäteren Dramen Grillparzers
mit Variationen öfters wieder. So in Ottokars Glück
und Ende (Ottokar — Margarethe — Kunigunde), vor
allem aber in der Jüdin von Toledo (Alfons —
Eleonore — Rahel).

Im ſelben Jahre, in dem die erſte Faſſung der

„Blanka von Kastilien" entstand, begann Grillparzer an
einem einaktigen bürgerlichen Schauspiel „D i e S c h r e i b =
f e d e r" zu arbeiten; vollendet wurde es 1808, eine zweite
Fassung stammt aus dem Jahre 1809. Man hat darin
offenbar eine Konzession Grillparzers an den Geschmack
der Masse zu erblicken; er sucht — freilich mit wenig
Glück — auf den seicht moralisierenden Ton eines Iffland
einzugehen. Das Stück ist aber inhaltlich und formell
plump geraten und noch viel langweiliger als die Vor=
bilder, denen es nacheifert. Trotzdem scheint Grillparzer
mehr davon gehalten zu haben als von seiner Blanka,
sicherlich nur darum, weil ihm das Grundmotiv sehr
am Herzen lag: die Forderung unbedingter Wahrhaftig=
keit. Darin berührt sich diese bürgerliche Komödie mit
dem genialen Lustspiele „W e h d e m , d e r l ü g t", dem
sie sonst aber so unähnlich als möglich ist.

Vortrefflich dagegen ist das Fragment „R o b e r t
v o n d e r N o r m a n d i e", das aus dem Frühjahr 1808
stammt. Zwei Akte sind vollendet, vom dritten nur der
erste Auftritt vorhanden, fünf Akte waren geplant. Aller=
dings, Grillparzer steht hier vollständig unter dem Ein=
flusse Shakespeares; von ihm lernt er die Kunst,
Stimmung und Handlung stets in eins zu verschmelzen,
er sieht es ihm ab, wie er die Personen scheinbar absichts=
los und doch mit äußerster Schärfe zu charakterisieren hat.
Nach seinem Vorbilde sucht er den Füll= und Übergangs=
szenen, an denen gerade junge Dichter zu scheitern pflegen,
das verletzend Absichtliche zu nehmen und sie nicht nur
äußerlich, sondern auch innerlich dem Ganzen einzu=
fügen, ja bis ins kleinste, bis in die einzelnen Wendungen
des Dialogs hinein kann man Shakespeares Einfluß ver=
folgen. Aber so geschickt zu lernen versteht eben nur
ein Genie, und bei aller Abhängigkeit ist das Fragment

doch eine wahrhaft hervorragende Talentprobe. Besonders
überrascht die prächtige, saftstrotzende Prosa, in der das
Stück geschrieben ist. Das Deklamatorisch=Rhetorische der
Blanka vermißt man da vollständig; der Ausdruck ist
immer geradezu und ohne Umschweif aufs nächste ge=
richtet, aber das einfachste Wort wölbt sich gleichsam in
sinnlicher Kraft. Zum ersten Male gelingt hier Grillparzer
der eigene Reiz eines andeutenden Dialoges. Robert ist
in das Lager seines ihm feindlichen Bruders Heinrich
von England gegangen, um mit ihm Frieden zu schließen,
weil er es nicht über sich bringt, sein Volk länger unter
den Schrecken des Krieges leiden zu lassen. Er trifft
mit Heinrichs Feldherrn Lacy zusammen, einem alten
Manne, den er noch vom Hofe seines Vaters her kennt.
Lacy weiß, daß sein Herr gegen den auf freies Geleit
vertrauenden Robert Verrat sinnt, und will ihn warnen.
Robert jedoch besteht darauf, durchzuführen, was er ein=
mal als seine Pflicht erkannt hat. Keiner von ihnen
sagt geradezu, was er meint, aber durch das, was zwischen
den Worten liegt, verständigen sie einander, und be=
greiflicherweise wirkt dieses bloße Andeuten weit mehr,
als wenn sie in noch so kräftigen und schönen Worten
ihre Absicht klar aussprächen. So hat Grillparzer, der
in der Blanka den Mund stets gerne ziemlich voll nahm,
an der Hand Shakespeares weise und kunstvolle Zurück=
haltung gelernt — gewiß ein wesentlicher Fortschritt.

Neben diesen vollendeten Arbeiten und umfang=
reicheren Fragmenten findet sich eine Anzahl von drama=
tischen Versuchen, die über knappe Anfänge nicht hinaus=
gekommen sind. So ein Familiengemälde „Seelen=
größe“, von dem außer den Eingangsszenen nur ein
dürftiges Szenarium vorhanden ist, die Tragödien Rosa=
munde Clifford und Lucretia Creinwill, von

denen die erstere wegen ihrer stofflichen Verwandtschaft
mit Blanka von Kastilien bemerkenswert ist, und ein
lyrisch-dramatisches Gemälde Irenens Wiederkehr.
Am interessantesten unter diesen kleineren Fragmenten ist
vielleicht der Entwurf zu einer komischen Oper Der
Zauberwald nach Shakespeares Sommernachtstraum.

Mitten in dieser regen dichterischen Tätigkeit, in dieser
Fülle von Lernen und Schaffen legt Grillparzer ein
Geständnis ab, das überraschen muß. Wieder einmal
wirft er die Frage auf, ob er je ein mehr als mittelmäßiger Dichter werden könne. Phantasie und leiden-
schaftliches Empfinden kann er sich nicht absprechen.
„Aber,“ fährt er fort, „gehört hiezu auch vielleicht der
furor poëticus, der alles an einem Dichter, und den ich,
wenn ich anders ehrlich reden will — nicht habe. Andere
Dichter macht das Dichten warm, mich macht es kalt. Das
Haschen nach Worten, Silben, Reimen ermüdet mich,
und das Feuer meiner Phantasie muß den höchsten Gipfel
erstiegen haben, wenn ich imstande sein soll, ein Gedicht
an einem Tage zu vollenden, wie ich es mit der Ballade
„Das Grab im Walde“ tat. ... Alle übrigen, auch
noch so kleinen Gedichte flickte ich mühsam und stückweise
zusammen, und ich kann mit Recht sagen, daß ich sie im
Schweiße meines Angesichts gearbeitet habe.“

Dieses Verzagen an seiner eigenen Kraft steigerte
sich bisweilen zur hellen Verzweiflung. Wie schrecklich
solche Stimmungen den Armen marterten, zeigt eine
Tagebuchstelle, die, obschon zwei Jahre jünger als die
eben erwähnte, ihr doch an die Seite gestellt werden
darf. „Meine üble Laune,“ schreibt Grillparzer, „deren
Grund ich nicht begreife, meine Schwermut, deren Quelle
ich nicht einsehe, nimmt von Tag zu Tag zu, ich werde
meinen Freunden unangenehm, denen, die mit mir um-

gehen, unausstehlich und mir selbst verhaßt, ohne daß ich weiß, warum, ohne daß ich Stärke genug besäße, mich aus diesem ertötenden Gewühle von marternden Bildern, die mir jede Freude vergällen, herauszureißen. Mit einem Worte, ich bin ein unglücklicher Mensch, und wenn mich das Schicksal nicht bald aus dieser quälenden Lage reißt, so schieße ich mir eine Kugel durch den Kopf."

Diese Stimmungen sind wie eine Vorahnung späterer, noch schwererer Gemütsdepressionen; wenn auch flüchtig, tauchte der Gedanke an Selbstmord doch damals schon in ihm auf, ein Gedanke, der auch dem reifen Manne in bitteren Stunden unheimlich lockend nahe trat. Wenn man diese beiden Tagebuchstellen liest, begreift man, was Grillparzers Verhängnis war: die Unfähigkeit, sich auf der Höhe seiner selbst zu halten und in jedem Augenblicke ganz das zu sein, was er war. Nur in Momenten der aufs höchste gesteigerten Empfindung sammelten sich alle Kräfte seiner Seele zu einer Einheit; wie andere Leute Krankheitsanfälle haben, so hatte er gleichsam Anfälle von kraftstrotzender Gesundheit. Aber sie erschöpften sich bald, und dann trat der Rückschlag ein: nicht etwa bloß ein sanftes Abschwellen, wie das nach jeder Anstrengung natürlich ist, sondern ein eigentlicher Zerfall und tiefe Zerrüttung. Was die Begeisterung herrlich geeint hatte, das wirkte nun wieder feindlich gegeneinander: das Gefühl fand sich von dem nüchternen Verstande verletzt, der aber schalt das Gefühl gauklerisch und treulos.

Ein erschütterndes Ereignis mehrte noch die Schwermut, die sich des jungen Dichters damals bemächtigt hatte: es erkrankte sein Vater. Der sonst so gesunde Mann hatte sich, man weiß nicht wie, ein Brustübel zugezogen, und bald mußte der Arzt erklären, daß das Leiden

organisch sei. Zwar schien das Schlimmste noch in die
Ferne gerückt, aber Hoffnung auf Genesung war nicht
vorhanden.

In dieser Bekümmernis fand Grillparzer — man
darf wohl sagen: unvermutet — Trost und Erhebung
in der Musik. Er hatte das Klavier lange Jahre nicht
berührt; nun wurde es wieder geöffnet. Freilich war
ihm alles, was er einst gelernt, entschwunden; nur die
Kenntnis der wichtigsten harmonischen Folgen, die ihm
Gallus beigebracht hatte, war in seinem Gedächtnisse
haften geblieben. Davon ging er nun aus. Er ergötzte
sich „an dem Zusammenklang der Töne, die Akkorde
lösten sich in Bewegungen auf, und diese bildeten sich
zu einfachen Melodien". So eignete er sich bald eine
erstaunliche Fertigkeit im Phantasieren an, die, wie das
Urteil eines Kenners bezeugt, weit über das Maß des
Dilettantismus hinausreichte, obwohl sie gar nicht auf
theoretische Bildung gestützt war.

Interessant ist Grillparzers Geständnis, daß ihn an
der Musik vor allem der Ton, der Klang lockte, „der
als Nervenreiz Gemüt und Phantasie aufregt, wäre es
auch nur, um sie dann dem Spiel mit ihren eigenen
Bildern zu überlassen. Ebenso magisch, als der Ton
an sich, wirkte von jeher auf mich die Verbindung der
Töne nach ihrem eigenen Gesetze, d. i. nicht nach der
Bestimmung eines von außen Hinzugekommenen, als:
eines Textes, der gegebenen Aufgabe des Ausdrucks dieser
oder jener Empfindung oder Leidenschaft. Für mich hat
die Musik als solche, bloß den Gesetzen ihrer Wesenheit
und den Einflüssen einer begrifflosen Begeisterung ge=
horchend, immer etwas unendlich Heiliges, Überirdisches
gehabt. Ich ziehe daher auch die Instrumentalmusik
eigentlich jeder anderen vor und würde es noch mehr

tun, wenn nicht der Zauber der Menschenstimmen so sehr
für gesungene Musik spräche."

Diese Worte sind 1822 niedergeschrieben; aber so
hat er Zeit seines Lebens über Musik gedacht, als Jüng=
ling, als Mann, als Greis. Darum dürfen sie als eine
Art Generalbeichte über sein musikalisches Empfinden
gelten. Bei solchen Ansichten ist es denn begreiflich, daß
er, was gleich jetzt bemerkt werden soll, in Haydn, Mozart
und Beethoven seine Ideale erblickte, obschon die Spät=
werke dieses letzteren manches enthielten, was ihn be=
fremdete und störte. Begreiflich ist auch seine Vorliebe
für die ganz auf die Melodie gestellte italienische Oper,
und er scheint ausdrücklich auf sie zu zielen, wenn er
sagt, er verzeihe einem Komponisten nichts leichter als
Untreue gegen den Text, vorausgesetzt, daß er den Text
bloß der organischen Einwirkung und Gestaltung des
musikalischen Teiles aufopfere. „Nichts aber," fährt er
fort, „ist mir unerträglicher, als ein Opern=Kompositeur,
der den Worten seines Textes nachläuft und ihm deshalb
eine zerstückelte, nicht melodisch, nicht organisch aus=
gebildete und abgerundete Musik unterlegt." Das klingt
wie eine prophetisch voraussehende Ablehnung Wagners,
der ihm denn auch just so wie Weber allezeit ein
Greuel war.

Grillparzers Ansichten mögen heute überholt sein,
obschon gerade in unseren Tagen ein Einlenken in reine
Formen aus unerfreulich dürrer Wirrnis hinausführen
könnte, aber eines läßt sich nicht bestreiten: bei aller
Einseitigkeit offenbart Grillparzer in jedem Worte ein
echt musikalisches Empfinden. Die Kunst der Töne, die
das Gemüt seiner Mutter krankhaft überreizte, ihm war
sie liebreich, ihm hat sie Lösung, Befreiung aus Qualen
gebracht, vor allem in jenen Tagen, da seines Vaters

Krankheit immer raschere Fortschritte machte, und er selbst verwirrt in eine ungewisse Zukunft voll Not und Sorgen blickte. So tief zog sie seine Seele an, daß er alles, was er hörte und sah, in Töne umsetzte. Ja, Kupferstiche legte er auf das Notenpult und „spielte die darauf dargestellten Begebenheiten, als ob es eine musikalische Komposition wäre". Gewisse melodische und harmonische Folgen verquickten sich so enge mit Vorstellungen seiner dichterischen Phantasie, daß er in Augenblicken der Erschlaffung diese wieder erwecken konnte, wenn er jene an sein Ohr klingen ließ.

Was ihm so ohne sein Zutun als ein freies Geschenk natürlicher Begabung zugefallen war, suchte er in späteren Jahren durch theoretische Studien zu festigen. Allein er erlebte damit eine Enttäuschung. Mit zunehmender Beherrschung der Theorie verminderte sich seine praktische Fertigkeit, ja sogar seine Fähigkeit erlitt, wie er klagt, Einbuße. Er meint, das Studium des Systems habe ihm geschadet. „Da ich es früher wieder aufgab, ehe seine Lehren, zur halb unbewußten Gewohnheit geworden, die Phantasie unterstützt hätten, benahm es nun vielmehr meinen Harmoniefolgen alles Eigentümliche, und jeder Gedanke geht in regelrechter Eintönigkeit unter." Den eigentlichen Grund erblickt er freilich in der Erkaltung seiner Phantasie. Sicherlich übt er da in seiner Vergrämtheit eine nicht ganz gerechte Kritik an sich selbst. Mag auch im Laufe der Jahre die Frische seiner musikalischen Eingebungen nachgelassen haben, die Musik ist ihm doch durch sein ganzes Leben eine treue Begleiterin geblieben.

IV

Jahre der Not
Eintritt in die Beamtenlaufbahn

Das Jahr 1809 brachte einen traurigen Umſchwung
in den Verhältniſſen der Familie Grillparzer mit ſich.
Die Krankheit des Familienoberhauptes machte raſchere
Fortſchritte, als der Arzt geglaubt hatte. Dazu geſellten
ſich bald ſchwere Nahrungsſorgen. Die allgemeine Not
der Zeit hatte ſo manche bürgerliche Exiſtenz untergraben,
auch der Wohlſtand Dr. Wenzel Grillparzers fiel ihr zum
Opfer. Sein Leiden raubte ihm die Rührigkeit, die not=
wendig geweſen wäre, um ſich in den mißlichen Zuſtänden
zu behaupten, und legte ihm überdies höhere Ausgaben
auf; Verluſte, die er durch einen ungetreuen Beamten
erlitt, verſchlechterten die Lage, und endlich ſah ſich der
rechtſchaffene Mann, „für den Schuldenmacher und Dieb
gleichbedeutende Worte waren“, genötigt, Darlehen auf=
zunehmen. Aber bitterer noch als dies empfand er die
ſchmachvolle Demütigung ſeines über alles geliebten
Vaterlandes, und die Kränkung darüber zehrte auf, was
von Lebenskraft in ihm noch vorhanden war.

Sein Sohn teilte ſeine Empfindungen. Als Wien
von den Franzoſen beſchoſſen wurde, ſtand er in den
Reihen des akademiſchen Korps auf der Baſtei, bereit zur
Verteidigung ſeiner Vaterſtadt. Allerdings wurde ſein
Mut auf keine allzu harte Probe geſtellt, denn Wien

kapitulierte rasch, und der Feind nahm von der alten
Residenz der Habsburger Besitz. Trotz seinem patriotischen
Schmerz und seinem glühenden Franzosenhasse ließ Grill=
parzer übrigens keine Gelegenheit vorübergehen, den
Kaiser Napoleon zu sehen. Von all der Kleinlichkeit und
Erbärmlichkeit hob sich die Gestalt dieses Herrschgewaltigen
imponierend ab und machte einen tiefen Eindruck auf den
Dichterjüngling, der widerstrebend sich dennoch mit
schaudernder Bewunderung der Größe des Korsen ge=
fangen gab.

In diesen aufgeregten Zeiten verschlimmerte sich der
Zustand von Grillparzers Vater mehr und mehr. Seine
Kräfte nahmen unheimlich rasch ab, und die Nachricht
von dem Abschlusse des Preßburger Friedens, der die
Monarchie zertrümmerte, warf den todkranken Mann
vollends darnieder. Am 10. November 1809 starb er.

Die Familie blieb in arger Bedrängnis zurück. Eine
lächerlich kleine Pension, die durch das Finanzpatent von
1811 gar bis auf 90 Gulden Papiergeld herabsank, sollte
hinreichen, eine Witwe mit vier Söhnen jahrüber zu
erhalten. Der zweitgeborene Sohn Karl war freilich noch
bei Lebzeiten des Vaters unter die Soldaten gegangen;
er trieb sich, von manchem wunderlichen Schicksale ver=
folgt, weit in der Fremde umher und ließ durch Wochen
und Monate nichts von sich hören. Von Zeit zu Zeit aber,
wenn er gerade Geld brauchte, wendete er sich doch um
Hilfe nach Hause, und man konnte ihn nicht einfach fallen
lassen.

Da bewährte sich denn Grillparzer wieder als den
echten Sohn seines Vaters. Er, der sonst seine Lage ver=
träumt hatte, kannte nun nur e i n Ziel: Geld zu erwerben,
um seiner Mutter und den Geschwistern beizuspringen.
Dadurch, daß er junge Leute aus vornehmen Häusern

auf die juristischen Prüfungen vorbereitete, verschaffte er
sich — allerdings kümmerlich genug — die Mittel hierzu.
Eine erwünschte Entlastung bedeutete es, daß Kamillo
eine Stellung als Schreiber bei der Amtsherrschaft Neu-
titschein antrat, wo er nebenbei Gelegenheit fand, die
Tochter des Amtmanns im Klavierspiel zu unterrichten.
Gleich seinem Bruder Franz besaß er nämlich eine nicht
gewöhnliche musikalische Begabung, die er freilich nur
dilettantisch verwertete. Weicher als sein älterer Bruder,
war er doch ein unglücklicher Mensch wie dieser und von
düsteren Launen gequält. Nach einer sehr bescheidenen
Laufbahn als Beamter starb er 1865.

Grillparzer zog alle Konsequenzen aus seiner Stellung
als Oberhaupt der Familie. Er ließ es mit der Sorge
für den Unterhalt nicht genug sein, sondern nahm sich auch
der Erziehung seiner jüngeren Brüder an. Ratend, er-
mahnend, tadelnd griff er ein, und er scheint ein ziemlich
strenges Regiment geführt zu haben. Zweifellos mußte
er sich in Respekt zu setzen, und etliche Briefe seiner
Brüder bezeugen, wie sehr sie ihn verehrten und mit
welcher Beflissenheit sie sich seiner Wohlmeinung zu ver-
sichern trachteten.

1811 beendete er die juridischen Studien, aber eine
Anstellung ließ noch auf sich warten. So setzte er denn
seine Tätigkeit als Privatlehrer fort. Ein Versuch, die
gründlich umgearbeitete und mit Beihilfe Altmütters
sauber abgeschriebene „Blanka von Kastilien“ auf die Burg-
theaterbühne zu bringen, schlug fehl. Josef Ferdinand
Sonnleithner, der damals Sekretär dieser Bühne war, wies
das Stück als ungeeignet zurück. Grillparzer meint, sein
Oheim habe damit allerdings recht gehabt, aber er habe
das Stück vermutlich gar nicht gelesen.

Ein Zufall vermittelte ihm die Stelle eines Haus-

lehrers in der gräflichen Familie Seillern. Damit be=
gann eine wunderliche Episode in seinem Leben. Der
alte Graf war ein seltsamer Kauz, ein verschrobener,
gänzlich ungebildeter Mann, der es nur in e i n e m Be=
lang zur Meisterschaft gebracht hatte: in der Kunst des
Essens. Allmorgendlich kam er in einem schmutzigen
Schlafrock zu Grillparzer aufs Zimmer, um mit ihm den
Feldzugsplan für den Mittagstisch zu entwerfen: von
welcher Speise man viel, von welcher man wenig essen
sollte 2c. Mit den tschechischen Bauern auf seinen Gütern
in Mähren sprach er mit Vorliebe lateinisch und ärgerte
sich weidlich über die Tölpel, die ihn nicht verstanden.
Kurz, er war aus lauter Wunderlichkeiten zusammengesetzt.
Die ganze Familie war außerordentlich bigott, und Grill=
parzer mußte seinen Zögling, einen übrigens herzlich
unbegabten Menschen, allsonntäglich in die Kirche be=
gleiten. Seine dichterischen Entwürfe versah er mit dem
Vermerk „aus dem Französischen übersetzt“, da jede
Regung eines eigenen poetischen Schaffens als ein Be=
weis staatsgefährlicher Gesinnung gegolten hätte. Aus=
führlich und ergötzlich schildert Grillparzer diese Zustände
in seiner Selbstbiographie.

Durch zwei Sommer begleitete er die gräfliche Familie
auf ihre Besitzungen nach Mähren. Das zweitemal —
im Herbst 1813 — überfiel ihn ein schweres Nervenfieber.
Aus Furcht vor Ansteckung brachte man ihn in einem
Badehause nahe bei dem kleinen Dorfe Stip unter und
überließ ihn seinem Schicksale; er war da der Pflege
eines vollkommen kenntnislosen tschechischen Baders und
tschechischer Bauersleute, mit denen er sich nicht ein=
mal verständigen konnte, anheimgegeben. Die Familie
Seillern kümmerte sich nicht um ihn. Natürlich fehlte
es an dem Nötigsten. Grillparzer kam dem Tode nahe,

und daß er endlich doch genas, schien ihm selbst ein Wunder. Unter den Nachwehen der Krankheit hatte er noch längere Zeit zu leiden; was er aber in seiner schmählichen Einsamkeit und Hilflosigkeit empfunden hatte, griff tiefer als die Krankheit selbst. Der Groll über die Rücksichtslosigkeit, mit der man ihn, den Bürgerlichen, preisgegeben hatte, setzte sich in seiner Seele fest, und allzeit bewahrte er eine mißtrauische Abneigung gegen die Aristokraten.

Im Jahre 1813 trat er als unbesoldeter Praktikant in die Hofbibliothek ein. Die Stellung, die für die Gegenwart nichts abwarf, eröffnete auch nur magere Aussichten für die Zukunft. Trotzdem war Grillparzer zufrieden. Von eigentlichen Bibliotheksarbeiten war nicht die Rede, die Beamten benahmen sich „wie der Hund beim Heu", d. h. sie bewachten einfach die vorhandenen Schätze, und so benutzte Grillparzer ungehindert die Gelegenheit zu ausgebreiteter Lektüre. Vor allem arbeitete er sich mit Eifer in die griechischen Autoren ein, die ihm seit jener Zeit immer vertraut geblieben sind, und warf sich auf das Studium des Spanischen. Er begann gleich mit einer Übersetzung Calderons, und seiner Beharrlichkeit gelang es bald, die Sprache zu meistern.

Schon Ende Dezember 1813 verließ er die Hofbibliothek und kam als Manipulations-Praktikant zur Bankal-Administration. Das neue Amt lockte ihn nicht gerade, aber die Aussicht auf Besoldung entschied. Damals entstand das launige Gedicht „Abschied von der Hofbibliothek":

Lebet wohl, ihr guten Musen,
Ich verlaff' euch bald,
Denn an eurem welken Busen
Ist's verzweifelt kalt.

Für den Kopf, das muß ich sagen,
Sorgtet ihr recht sehr;
Doch ich hab' auch einen Magen,
Und den ließt ihr leer.

„Sieh den Lorbeer! Was lohnt
höher"
Ach, ich hab' ihn satt!
Schreib' ich nicht, so braucht' ich eher
Noch ein Feigenblatt;

Denn hienieden ist man leider
Nur auf Geld erpicht:
Geld verlangt der Schneider,
Ach, und kein Gedicht.

— — — — — — — —
— — — — — — — —
— — — — — — — —
— — — — — — — —

Drum lebt wohl, ihr guten
Musen,
Ihr seid mir zu kalt;
Mich zieht an des Lebens Busen
Stärkere Gewalt.

In seinem neuen Wirkungskreise wurde Grillparzer zu=
nächst im Expedit, dann im Protokoll beschäftigt, kurz, er
mußte sich mit allen Fächern der Verwaltung bekannt
machen; endlich hatte er in der Examinatur Schwärzer
und Gefällsübertreter zu verhören. Diese Berührung
mit dem unmittelbaren Leben tat ihm wohl, er erfüllte
seine Aufgaben mit solchem Fleiß und solcher Geschicklich=
keit, daß ihm bald das so sehnlich erhoffte Adjutum ge=
währt wurde. Im März 1815 trat er als Konzepts=
Praktikant bei der K. K. Allgemeinen Hofkammer ein.

Waren während all dieser Jahre, in denen Grill=
parzer nach einer festen bürgerlichen Stellung rang, Stim=
mungen des Verzagtseins häufig, so regte sich doch auch
nicht selten eine frische Lust an dichterischer Betätigung.
Die Lyrik allerdings scheint spärlich bedacht worden zu
sein, doch stammt aus jener Zeit immerhin eine seiner
besten lyrischen Schöpfungen, die herrliche Ode „Die
Musik". Eine helfende Trösterin nennt er sie, dank=
bar sich der Stunden erinnernd, die sie ihm verklärt.
Von sich aber wendet er den Blick nach außen, ins All=
gemeine, und er singt:

„Als das Recht von der Erde verschwunden,
Und die Unschuld gen Himmel geflohn,

Dienen lernte die freie Gebärde,
Lügen das Auge, des Himmels Bild,
Und das Wort, das heil'ge, wahre,
Sich in schändende Fesseln schlug:
Da warbst du von den Göttern gesendet
Als Vertraute für bessere Seelen,
Deine Sprach' ihrem Mund zu leihn.
Freudig eilten sie dir entgegen,
Sanken vertrauend in deinen Arm,
Und Lieb und Hoffnung und Scham und Reue
Flüsterten leis in deinen Busen,
Was sie erreicht und was sie verloren,
Was sie geträumt und wie sie gefühlt."

Trifft das auch für alle Zeiten und alle Völker zu, so mögen dem Dichter bei diesen Worten doch besonders die Zustände seiner Heimat vorgeschwebt haben. Das war ja die große Bedeutung der Musik in dem Österreich jener Tage, daß sie, da das freie Wort verfolgt, die freie Tat geknechtet wurde, das einzige blieb, woran sich der Geist über das Gemeine erheben konnte.

Auf eine hübsche Liebesepisode geht das reizende Gedicht „Cherubin" zurück. Grillparzer hatte sich in die junge und schöne Sängerin Henriette Teimer „verschaut", die in der „Hochzeit des Figaro" den Pagen spielte. Sich ihr zu nahen, fiel ihm nicht ein; aber aus der Ferne verzehrte er sich in Sehnsucht nach ihr. „Wer bist du, die in meines Herzens Tiefen ... mit unbekannter Zaubermacht gegriffen?" fragt er. Das Äußere sagt: ein Knabe; doch durch die Maske bricht die holde Weiblichkeit. Das Gedicht schließt mit der glühenden Bitte:

„Schlicht diesen Streit von kämpfenden Gefühlen,
Bezähme dieses siedend heiße Blut,

Laß meinen Blick in diesen Reizen wühlen,
Laß mich der Lippen fieberische Glut
In dieses Busens regen Wellen kühlen;
Und meiner Küsse räuberische Flut
Soll das Geheimnis dir im Sturm entreißen,
Welch ein Geschlecht du würdigst, sein zu heißen."

Das Gedicht war auf rätselhafte Weise der Sängerin in die Hände gespielt worden, und nach Jahren erfuhr Grill= parzer, daß die Schöne, während er hoffnungslos seufzte, alles aufbot, den Verfasser der stürmischen Verse ausfindig zu machen, bereit zu gewähren, worum er so sehn= süchtig bat.

Reichlicher als die Lyrik floß die dramatische Tätig= keit Grillparzers, obwohl er außer einem Lustspiele nichts vollendete.

In dem Fragmente „Drahomira" wählte er ein Milieu, das ihn später wiederholt lockte: die Übergangszeit von der Barbarei zur Kultur. Medeenstimmungen scheinen da vorbereitet. In der Tragödie Spartakus sollte sein Franzosenhaß flammenden Ausdruck finden. Schiller und Shakespeare nehmen zu gleichen Teilen Einfluß auf das Werk. Von jenem hat er die Gesinnung „in tyrannos" und die begeisterte Rhetorik, von diesem eine Charakter= figur wie die allerdings nicht gerade gut geratene Amme entlehnt. Aber unverkennbar mischten sich persönliche Beziehungen ein. So merkt man unschwer, daß ihm bei der Schilderung von Spartakus' Vater sein eigener Vater vorschwebte. Ein zarter Psyche = Monolog ist die Frucht seiner Begeisterung für Goethe, und 1814 unternimmt er gar das Wagnis, Faust, der Tragödie ersten Teil, fortzusetzen, wobei denn interessant ist, daß er im wesentlichen auf dieselbe Entwicklung in Fausts Charakter zusteuert wie Goethe selbst im zweiten Teil.

5*

Stark shakespearesierend ist das Schauspiel „A l f r e d
d e r G r o ß e", von dem zwei Akte vorhanden sind. Es
werden darin deutliche Seitenblicke auf die verrotteten
Zustände in Österreich geworfen. Es sollte wie Spartakus
zum Aufstand gegen die Fremdlinge begeistern, und Sauer
hat recht, wenn er in diesen beiden Dramen den eigent=
lichen, freilich verborgen gebliebenen Anteil Österreichs
an der Dichtung der Befreiungskriege erblickt. Die Tra=
gödie „D i e P a z z i" steht gleichfalls ganz unter dem
Einflusse Shakespeares, aber eigenste Empfindungen er=
füllen die vorhandenen Szenen. „Weil er in der Gesell=
schaft nicht glänzen konnte, hat er sie geflohen" wird
von der Hauptfigur gesagt. Just so hat es Grillparzer
selbst gemacht; er mißtraute sich und zog sich verdrossen
zurück. Das erstemal, daß es ihn lockt, sein innerstes
Leben in einer dramatischen Gestalt zu verkörpern; der
Versuch gelingt nicht, die Dichtung bricht nach wenigen
Szenen ab. Das Motiv der „Pazzi" taucht nach Jahren
in dem Entwurf zu „F r i e d r i c h d e m S t r e i t b a r e n"
als Nebenmotiv wieder auf; hier sollte sich's in der Figur
des Frangipan gestalten, aber wieder wurde die Arbeit
fallen gelassen. Erst der alternde Dichter fand Freiheit
genug über sich, um sich in Rudolf II. selbst mit un=
erbittlicher Schärfe zu zeichnen. Von einem Lustspiele
H e i n r i c h IV. liegen etliche flott entworfene Szenen
vor, die es bedauern lassen, daß das Stück nicht vollendet
wurde. Die Situation erinnert von ferne an das lustige
Wechselspiel zwischen Kattwald und Leon, nur daß dort
dem Zufall überlassen bleibt, was hier aus dem Charakter
und der Absicht der Personen hervorgeht.

Eine eigenartige Stellung nimmt das Alexandriner=
Lustspiel „W e r i s t s c h u l d i g?" ein, das im Herbst
1811 entstand. Es zeigt sehr enge Verwandtschaft mit

jenen anspruchslosen Konversationsstückchen, wie sie da=
mals in Wien besonders beliebt waren. Von Kotzebue,
Körner, Hutt, Steigentesch wurden derartige Sächelchen
gespielt. Wie in diesen Stücken ist auch in „Wer ist
schuldig?" die Handlung durchaus konventionell und ohne
originelle Züge; die Intrigue ist viel zu durchsichtig und
zu sehr auf das Zufällige gestellt, um zu interessieren.
Aber in allem übrigen ist das Stück vortrefflich. Eine
eigentümliche Freiheit der Empfindung löst es gleichsam
von der gemeinen Wirklichkeit ab und stellt es in seine
besondere Welt: eine Welt voll Anmut und Schalkheit.
Gerade, daß es nichts sein will als ein drolliges Spiel,
macht das Stückchen so reizend. Daher auch die Einheit
der Stimmung, die ungetrübte Heiterkeit, in der es wie
ein Gaukelbild im Blauen schwebt; keine Spur von der
Sentimentalität der Vorbilder. Vortrefflich sind die Per=
sonen durch eine Fülle lebendiger Züge charakterisiert,
und geradezu köstlich sind die Exkurse Holls über das
Glück der Ehe. Er liebt seine Frau, aber wenn er sich
die Zukunft ausmalt, denkt er sich seine Marie recht
spießbürgerlich als die Pflegerin, die ihn wohl versorgt,
ihn, wenn er krank ist, betreut u. s. w. Es scheint, daß
der zwanzigjährige Grillparzer trotz seiner Leidenschaft=
lichkeit doch auch schon den Keim dieses naiven Männer=
Egoismus in sich trug. Und wenn der eifersüchtige Ehe=
mann Zorn und Groll mit einem Male vergißt, wie er
das Kleid von dem schönen, rundlichen Arm seiner Frau
zurückstreift, den angeblich eine Biene gestochen hat, so
ist das wohl für ihn nicht mehr als für den Dichter selbst
bezeichnend. Das Hübscheste an dem Lustspielchen ist aber
der leichtfließende, wirklich witzige Dialog.

Alle diese Stücke hat Grillparzer mit Rücksicht auf
die ihm bekannten Bühnenverhältnisse geschrieben. Wir

wiſſen, daß er manche Geſtalten geradezu im Gedanken an beſtimmte Perſonen entwarf. Als die Burg=ſchauſpielerin Frl. Rooſe ſtarb, ſchrieb er in ſein Tage=buch: „Die Blanka von Kaſtilien kann nie aufgeführt werden.“ In dieſem ſteten Bedenken des ſchauſpieleriſch Möglichen zeigt ſich ſeine echt dramatiſche Veranlagung. Aufgeführt wurde von dieſen Dramen trotz alledem keines. Aber an jedem hat er Neues zugelernt, ſie verſchafften ihm die Sicherheit in der Beherrſchung der dramatiſchen Kunſt=mittel, und aus der vielfältigen Nachahmung großer Vor=bilder rang er ſich endlich zu ſeiner Eigenheit durch.

V

Die Ahnfrau — Sappho

Durch seine Beschäftigung mit dem Spanischen machte Grillparzer die für sein ganzes Leben so wichtige Bekannt= schaft Schreyvogels. Um 23 Jahre älter als Grillparzer, war dieser gründlich und fein gebildete Mann gleich manchem der Besten in Österreich vor der Knebelung des Geistes nach Deutschland entflohen. In Jena und Weimar hielt er sich mehrere Jahre auf. Hier genoß er des Um= gangs mit Schiller, Goethe und Wieland. Viel hat er von ihnen gelernt, getreulich hat er sich in ihre Ideen eingelebt, bei alledem bewahrte er sich doch in manchen Dingen sein eigenes Urteil. So fand er an Goethes Theaterführung allerlei auszusetzen. Endlich trieb ihn die Liebe zur Heimat nach Wien zurück. Auf verschiedenen Wegen suchte er ein Feld für seine Tätigkeit. Seit 1807 gab er unter dem Namen Thomas West das vortreffliche Sonntagsblatt heraus. Mit seinen sachlich eindringenden Kritiken, die ihn als einen nicht unwürdigen Nachfolger Lessings erscheinen lassen, erhob er sich weit über das ästhetisierende und rezensierende Gelichter seiner Um= gebung. Ein begeisterter Verehrer Goethes, ein Ver= fechter der Klarheit, trat er mit äußerster Schärfe gegen die nebulose Mystik der Romantiker auf. Grillparzer bekennt, daß er dem Sonntagsblatte viele fruchtbare An=

regungen verdankte, wie es ihn denn zuerst auf Goethe
verwies. Auch seine tiefe Abneigung gegen die Roman=
tiker — obwohl aus seiner eigenen Natur vollkommen
verständlich — mag durch die Polemiken Schreyvogels
hervorgerufen und bestärkt worden sein.

Zu selbständigen dichterischen Arbeiten reichte die
Fähigkeit Schreyvogels nicht aus; seine Versuche auf dem
Gebiete der Novelle und des Dramas kranken an einem
unheilvollen Mangel an Gestaltungskraft. Wohl aber hat
er sich als Bearbeiter Shakespeares und vor allem
spanischer Dramatiker große Verdienste um die Bühne
erworben. Heute noch spielt man „Das Leben ein Traum"
und „Donna Diana" in seiner Einrichtung. Seit 1814
wirkte er als Sekretär des Grafen Palffy, der das „Theater
nächst der Burg", wie das Hoftheater offiziell genannt
wurde, und das Theater an der Wien gepachtet hatte.
Nach Auflösung dieses Vertrages wurde er Sekretär des
Hoftheaters. Seine Stellung war die eines artistischen
Direktors. Zum Dramaturgen geboren, hat er die seiner
Leitung anvertraute Bühne zu einer künstlerischen Höhe
emporgehoben, die sie seither nicht wieder — auch nicht
unter Laube — erreicht hat. Vortrefflich verstand er es,
aus seinen Schauspielern herauszuholen, was an Eigen=
art in ihnen steckte, jeden an seinen richtigen Platz zu
stellen und die verschiedenen Individualitäten zu einer
großen, in allen Einzelheiten wohl abgetönten Einheit
zu versammeln. In der Ausgestaltung des Repertoires
begegnete er allerdings den größten Schwierigkeiten, wie
ihm denn überhaupt seine kenntnislosen und böswilligen
Vorgesetzten das Leben so sauer als möglich machten, aber
trotz Plackerei und Ärger erneute er seine Versuche
immer wieder, und es gelang ihm in der Tat, manches
Wertvolle durchzusetzen. Dabei bewährte er eine Eigen=

schaft, die selbst an guten Dramaturgen nur selten zu finden ist: die Fähigkeit, zwischen seinem eigenen Geschmack und den Forderungen des Publikums gelassenen Sinnes die richtige Mitte zu halten. Sein bleibendes Verdienst ist es aber, daß er dem Genie Grillparzers die Bühne erschlossen hat.

Die Bekanntschaft zwischen beiden Männern kam folgenderweise zustande: Am Burgtheater wurde „Das Leben ein Traum" in Schreyvogels Bearbeitung zur Aufführung vorbereitet. Nun erfuhr Deinhardstein, ein Bekannter Grillparzers, daß auch dieser mit einer Übersetzung des spanischen Dramas sich beschäftigt habe und daß der erste Akt davon fertig vorliege. Er machte ihm den Vorschlag, das Manuskript der von dem einflußreichen Journalisten Hebenstreit redigierten „Modezeitung" zu überlassen, und nach einigem Zaudern willigte der Dichter ein. Er so wenig wie Deinhardstein wußte, wer der Autor der zur Aufführung bestimmten Bearbeitung sei. Ein Irrtum hatte das Pseudonym West, dessen sich Schreyvogel zu bedienen pflegte, in Wendt verwandelt.

Nach der Aufführung vom „Leben ein Traum" ließ nun Hebenstreit, der Schreyvogel gern eins am Zeuge flicken wollte, Grillparzers Übersetzung in seinem Journal abdrucken und benutzte sie zu hämischen Ausfällen gegen jenen. Ärger über den Erfolg des Sonntagsblattes scheint das Motiv gewesen zu sein; damals schon wurde die „öffentliche Meinung" in Wien von einer Horde von Freibeutern beherrscht, die ohne Talent und Kenntnisse, doch mit dreister Unverschämtheit das kritische Amt zu persönlichen Zwecken mißbrauchten, die schalste Mittelmäßigkeit, wenn sie nur mit ihnen paktierte, gelten ließen, dagegen ein hochstrebendes und selbständiges Talent mit den niedrigſten Mitteln zu unterdrücken ſuchten. Dabei ſcheuten ſie nicht einmal vor der Vernichtung einer Exiſtenz zurück; ſie wollten eben allein die Macht in Händen haben.

Grillparzer war empört, als er erfuhr, wozu er miß= braucht worden war; Schreyvogel natürlich glaubte, er habe abſichtlich zur Intrigue mitgeholfen. Ein Skriptor der Hofbibliothek, der alte Leon, vermittelte; er brachte den ſich ſträubenden Grillparzer zu Schreyvogel. Die erſten Worte klärten das Mißverſtändnis auf, und damit war der Grund zu einem freundſchaftlichen Verhältniſſe gelegt, das bis zum Tode Schreyvogels in ungetrübter Herzlichkeit beſtehen ſollte.

In Grillparzers Kopf war damals gerade ein neuer dramatiſcher Plan aufgetaucht, angeregt durch zwei Er= zählungen: den franzöſiſchen Roman „Die Geſchichte des Räubers Louis Mandrin“ und den deutſchen Schauer= roman „Die blutende Geſtalt mit Dolch und Lampe oder die Beſchwörung in dem Schloſſe Stern bei Prag“. In der franzöſiſchen Erzählung war ihm die Szene auf= gefallen, wie Mandrin in dem Zimmer ſeiner Geliebten, die nicht weiß, daß ſie ihr Herz einem Verbrecher ge= ſchenkt hat, ergriffen wird. In dem deutſchen Roman aber reizten ihn die ſchaurigen Verwechslungen der Enkelin eines alten Geſchlechts mit dem Geiſte der Ahnfrau: der Liebhaber hält einmal das Mädchen für das Geſpenſt, dann wieder, bei einer beabſichtigten Entführung, das Geſpenſt für die Geliebte.

Vereinzelt war keines der beiden Motive zu brauchen: der Ergreifungsſzene fehlte Entwicklung und bedeutender Zuſammenhang, die Geſpenſtergeſchichte entbehrte eines rein menſchlichen Intereſſes. Aber eines Morgens, als Grillparzer noch im Bette lag, wuchſen ihm die beiden

Motive plötzlich ineinander. „Der Räuber fand sich durch das Verhängnis über die Urmutter seines Geschlechtes, dem auch er angehören mußte, geadelt; die Gespenstergeschichte bekam einen Inhalt. Ehe ich aufstand und mich ankleidete, war der Plan zur Ahnfrau fertig."

Auf die Frage Schreyvogels, ob er sich nicht mit dramatischen Entwürfen trüge, entwickelte Grillparzer nun eingehend und lebhaft den eben gereiften Plan. Schreyvogel war entzückt; er meinte, das Stück brauche nur noch niedergeschrieben zu werden.

Aber damit hatte es gute Wege. Grillparzer mißtraute seinen Kräften und ließ die Sache auf sich beruhen. Nach Monaten traf er Schreyvogel wieder; der erkundigte sich nach dem Stand der Dinge, mahnte und ermunterte, und nun auf einmal kam das Werk in Fluß. In fieberhafter Hast schrieb Grillparzer das Stück nieder; nur einmal, als kaltes Wetter eintrat, verließ ihn die Stimmung, aber sie kam wieder, und in vierzehn Tagen war die Arbeit beendet.

Schreyvogel, der ihr Fortschreiten ratend und fördernd verfolgt hatte, fand nun — dem vollendeten Werke gegenüber —, es fehle an einer soliden Verknüpfung der Motive. In der Tat war nach dem Entwurfe Grillparzers die Gestalt der Ahnfrau durchaus episodisch und ohne innere Verbindung mit der Handlung. Der erfahrene Dramaturg riet nun, einen solchen Zusammenhang dadurch herzustellen, daß der Untergang des Hauses Borotin mit einer Schuld der Ahnfrau begründet werde; sie müsse verurteilt sein, die Schuld und Leiden ihrer Nachkommen — Sprossen ihrer Sünde — mit anzusehen, bis das Geschlecht ausgerottet, der ungerechte Besitz verlassen und ihre eigene Untat enthüllt sei; so werde das Gespenst zu einer handelnden und wirklich tragischen

Person. Grillparzer beherzigte den klugen Rat; er fügte die Erzählung Günthers im ersten Akte ein und brachte im Verlaufe des Stückes noch etliche kleine Änderungen an, die mit Rücksicht auf jene Erzählung notwendig geworden waren.

Nun wurde gleich an die Proben gegangen. Die Schauspieler studierten ihre Rollen mit wahrer Begeisterung und behandelten den jungen Dichter, der im abgeschabten Überzieher auf die Proben kam, wie einen jungen Gott. Die geniale Schröder hatte die Bertha und die Ahnfrau, der pensionierte Hofschauspieler Lange den Grafen Borotin, Herteur den Jaromir übernommen. Schreyvogel, dem als Sekretär des Grafen Palffy die Wahl zwischen dem Burgtheater und dem Theater an der Wien freistand, entschied sich aus guten Gründen für das letztere. So kam denn die Aufführung am 31. Januar 1817 zustande — freilich nicht ohne Schwierigkeiten; denn die Zensur verbot kurz vorher das Stück. Zunächst half die Schröder darüber weg, als aber das Stück nach der dritten Vorstellung wieder verboten wurde, sprang Graf Palffy ein, der erklärte, er müsse sein Theater sperren, wenn man ihm die Aufführung von Zugstücken unmöglich mache.

Mit seiner Mutter und seinem Bruder Adolf wohnte Grillparzer auf der Galerie der Premiere bei; aber seine nervöse Natur litt entsetzlich unter den Aufregungen des Abends. Ihn schüttelte förmlich das Fieber, und er faßte den Vorsatz, nie mehr eines seiner Stücke anzusehen. Nur schwer ließ er sich überzeugen, daß die Ahnfrau einen großen Erfolg gehabt habe; ihm war die Vorstellung widerlich gewesen. Grillparzer erklärt diese seltsame Erscheinung, indem er sagt, es habe sich ihm das Gefühl aufgedrängt, daß es ebenso unschicklich sei, seinen inneren

wie seinen äußeren Menschen nackt zu zeigen. Die eigent=
liche Ursache aber lag wohl in dem bei ihm immer zu
beobachtenden Zusammenbruch nach dem Feuer des
Schaffens. In dem Augenblicke, als er das Stück sah,
war er ein ganz anderer Mensch als damals, da er es
schrieb, und doch äußerlich derselbe; das aber verwirrte
auf das peinlichste sein Gefühl. Er hatte die Empfindung,
als ob er sich vor sich selber schämen müßte.

Diese Mißstimmung, aus seiner tiefsten Natur hervor=
gegangen, wurde unseligerweise noch durch die Ver=
drießlichkeiten gemehrt, die ein recht widerliches Gefolge
der Aufführung bildeten. Wohl war das Publikum ent=
zückt, und die „Ahnfrau" nahm ihren Weg vom Theater
an der Wien über alle Bühnen Österreichs und Deutsch=
lands. Aber eine niedrige und verleumberische Kritik fiel
über Grillparzer wie über einen Verbrecher her. Ein=
geleitet wurde die Fehde durch denselben Hebenstreit, der
Grillparzer vor gar nicht langer Zeit gegen Schrehvogel
ausgespielt hatte; der Dichter hatte es eben gewagt,
Selbständigkeit zu zeigen, mit dem Angegriffenen Freund=
schaft zu schließen, unbekümmert um die Meinung der
Modezeitung und ihres Redakteurs — er sollte nun die
Macht eines Journalisten zu spüren bekommen. Heim=
tückisch genug ging Hebenstreit dabei zu Werke. In der
Modezeitung brachte er eine kurze Besprechung des
Stückes, die nicht Fisch noch Fleisch war, und schloß mit
der Phrase, er wolle den Vorwurf von sich ablehnen, durch
ein vorzeitiges Lob die Entwicklung eines schönen Talentes
zu stören. Anonym aber ließ er in dem Cottaschen
Morgenblatte, einem angesehenen populär=wissenschaft=
lichen Organe, das in Tübingen erschien, eine Reihe
von Artikeln veröffentlichen, in denen er an der Ahnfrau
eine geradezu wegwerfende Kritik übte. Boshaft wie sein

Tadel war sein Lob: er bewunderte das außerordentliche
Geschick des Verfassers, auf den Effekt hinzuarbeiten;
damit sollte die Ahnfrau in eine Linie mit den auf krasse
Wirkung ausgehenden Gespenstergeschichten der Vorstadt
gerückt werden. Nun, nachdem das gewichtige „Morgen=
blatt" gesprochen, konnte man sich auf die Stimme des
Auslandes berufen. Jetzt ging die Hetze von allen Seiten
gegen den armen Grillparzer los; Hebenstreit, der den
wüsten Chorus entfesselt hatte und so auf die „allgemeine
Meinung" sich stützen durfte, gewann nun den Mut, aus
seiner Anonymität hervorzutreten; er bekannte sich als
Verfasser der Kritiken im Morgenblatt. Was die Nieder=
tracht begonnen hatte, vollendete die Dummheit: ehrliche,
aber beschränkte Leute fühlten nun auch die Verpflichtung,
in den Tadel einzustimmen. Allgemein nahm man An=
stoß an der „Schicksalsidee". Die einen bewiesen unwider=
leglich, daß Grillparzer die „Fatumsidee" der Alten
lächerlich entstellt habe, andere rügten, daß die gänzlich
heidnische „Idee", die seinem Werk zu Grunde liege,
das Christentum beleidige. Kurz, in diesen ideenärmsten
aller Kritiken war jedes zweite Wort Idee. Am ver=
nünftigsten urteilte noch Adolf Müllner, der Verfasser
der „Schuld", den Grillparzer selbst zu einer Zeit, da er
schon allen Grund hatte, ihm zu grollen, den letzten
sachkundigen Kritiker Deutschlands nannte. „Die
moralische Erbkrankheit," meint er in einem Briefe an
Schreyvogel, „die in verbrecherisch entstandenen Männern
sich fortpflanzt, das ist eine treffliche Grundidee." Aber
er findet, sie komme nicht recht zum Ausdruck. Es müßte
gezeigt werden, wie der Sündengärtner Satanas den
Sündenbaum immer größer ziehe, eine fortschreitende
Entwicklung vom ersten Keim müßte gegeben werden.
Aber just daran fehle es; der alte Borotin z. B. sei eine

brave, ehrliche Haut, und der sündige Same habe in
ihm nie Frucht gebracht. Damit hänge auch die Mangel=
haftigkeit der Charakterzeichnung zusammen — Jaromir
sei eine psychologische Irrationalgröße — ebenso die
Monotie des Dialogs, von dem eigentlich nicht viel zu
spüren sei, „inmaßen die Leute fast mehr Empfindungen
a u s s i n g e n , als Gedanken aussprechen.“ Der kluge
Mann erspürte in der Tat einige Schwächen des Stückes,
aber auch er ging, wie die andern, von der Kritik der
Idee aus.

Dagegen nun hat sich Grillparzer zu allen Zeiten
— denn oft und oft ist er in seinen freilich nie ver=
öffentlichten Aufzeichnungen auf die Ahnfrau zurück=
gekommen — mit größter Entschiedenheit gewehrt. Er
wollte in seiner Ahnfrau nichts sagen, nichts lehren, er
wollte kein System personifizieren, er wollte überhaupt
gar keine Idee hineinlegen. Wie der gebildete Verstand
sich mit der Idee des Schicksals auseinandersetzt, ist ihm
gleichgültig. Genug, daß in unserem Empfinden die
Ahnung geheimer Schicksalsmächte einen Platz findet.
Nicht um philosophische Wahrheit, um lebendige Realität
ist es ihm zu tun. „Die Grundirrtümer der menschlichen
Natur sind die Wahrheiten der Poesie,“ sagt er, „und
die poetische Idee ist nichts anderes als die Art und
Weise, wie sich die philosophische im Medium des Ge=
fühls und der Phantasie bricht, färbt und gestaltet.“
Diejenigen aber, die in der Ahnfrau durchaus nur ein
Symbol erblicken können, verweist er auf Macbeth. „Wenn
ihr mir sagt, diese Hexen seien der eigene Ehrgeiz des
Helden, so antworte ich euch: Tut die Augen auf! Was
ihr da seht, das sind Hexen, und nicht der Ehrgeiz.“
Daß er sich diese Anschauung nicht erst später zurecht=
gelegt hat, beweist ein Notizblatt, das aus der Zeit vor

der Ahnfrau stammt. „Das Generalisieren in Geschmacks=
sachen," heißt es da, „erscheint mir ebenso lächerlich, als
es mir widerlich ist. Wenn Schlegel sagt, Aschylos wollte
in seinem Prometheus dies und das schildern, so erhellt
sehr deutlich, daß Schlegel gar nicht weiß, was
produktives Genie und dessen Walten für
ein Ding ist. Aschylos wollte im Prometheus den
Prometheus und weiter nichts. Kein Dichter in der Welt
ist wohl je bei Schöpfung eines Meisterwerkes von einer
allgemeinen Idee ausgegangen. Das kommt von der
beliebten Einmischung (der Philosophie) in die Kunst.
Mir kommt ein solches Assert ebenso vor, als ob jemand
glaubte, der Natur lägen wirklich die anziehende und
abstoßende Kraft zu Grunde. Die Körper sind schwer, sie
fallen, sie verbinden sich, sie werden bewegt, aber von
einem Allgemeinen ist da nirgends die Rede, als im
Geiste des Beobachters."

Von einem Allgemeinen ist auch in der Ahnfrau
nicht die Rede, und da es fehlt, gibt es auch nichts zu
symbolisieren. Das Gespenst ist für den Dichter so real
wie die anderen Personen. Obwohl dies nun feststeht,
sträuben sich aufgeklärte Geister noch heutigen Tages
gegen die Annahme, ein gebildeter Mann wie Grillparzer
könnte den Aberglauben selbst geteilt haben. Man glaubt
seine Reputation zu retten, wenn man sagt, als Dichter
habe er immerhin an sein Gespenst geglaubt, als Mensch
aber nicht; er habe sich eben auf den Standpunkt der
handelnden Personen gestellt. Wie töricht das ist, braucht
wohl kaum gezeigt zu werden. Als ob das Dichten im
hellen, nüchternen Bewußtsein sich vollzöge! Als ob der
Dichter sich nach Belieben bald auf diesen, bald auf jenen
Standpunkt stellen könnte! Etwa wie ein Gelehrter, der
irgend eine Erscheinung in ihren verschiedenen Ent=

wicklungsformen durch die Jahrhunderte verfolgt. Nein, die Sache ist anders: mit dem Verstand hat Grillparzer allerdings nicht an Gespenster geglaubt, aber in seiner Empfindung waren sie lebendig. So empfindungsarm ist doch kaum jemand, daß ihn nicht manchmal gruselige Stimmungen anwandeln, die ihn zwingen, scheu um sich zu blicken, obschon er ganz gut weiß, daß es nichts zu fürchten gibt. Und Grillparzer ist in diesen Stimmungen aufgewachsen, seine ganze Kindheit war von ihnen beherrscht — man erinnere sich der Szene in Enzersdorf — und auch später haben sie ihn sicherlich angewandelt. Er war eben ein Mensch „von übergreifender Phantasie". Als er in seiner Wohnung im „Elend" vor dem wackeligen Schreibtisch, auf einem Stuhl mit durchbrochenem Geflechte sitzend, im Fieberdrang die leidenschaftlichen Trochäen seiner Ahnfrau hinwarf, da ist in nächtigen Stunden diese Ahnfrau wohl leibhaftig vor ihn hingetreten, und schaudernd hat er ihre Umarmung gespürt.

Daß er es wagte, diesen Gespenstertraum seiner erhitzten Phantasie auf die Bühne zu bringen, dafür mag dann allerdings nüchterne Erwägung entscheidend gewesen sein. Die Vorbilder lagen ja so nahe: das Wiener Märchen- und Zauberdrama machte derartige Erscheinungen vertraut. Wie sehr es in seiner ganzen Art auf die Gestaltung der Ahnfrau gewirkt, wußte er recht wohl, ja er schämte sich, ein Stück geschrieben zu haben, das doch eigentlich nur für die Vorstadt sei. Aber dann erinnerte er sich Shakespeares und Calderons, und seine Bildungsbeflissenheit war beruhigt.

Beinahe noch entschiedener als gegen die Insinuation einer Idee wehrte sich Grillparzer gegen die Zusammenstellung mit den sogenannten „Schicksalstragödien".

Das moderne Schicksalsdrama hat seine Heimat in

England. Lillos „Fatal curiosity" behandelt zum erstenmal dramatisch das Motiv von dem Sohne, der nach jahrelanger Abwesenheit heimkehrt und von seinen mittlerweile verarmten Eltern, denen er sich nicht zu erkennen gibt, ermordet wird. Das Stück wurde 1775 in Deutschland bekannt, der Stoff fand auch bald darauf deutsche Bearbeitungen, die aber ohne Erfolg blieben. Nicht bloß wegen ihrer künstlerischen Schwäche. Minor bemerkt mit Recht, daß die Schicksalsidee just wie die Romantik erst mit dem Abnehmen der freigeistigen Bewegung Boden gewann. Die dem Mystischen zugeneigte Stimmung zu Beginn des neunzehnten Jahrhunderts kam einem Stück wie Z. Werners „24. Februar" entgegen. Die dunklen Mächte der Empfindung hatten sich vom Zügel der Aufklärung losgerissen, und die Leute schwelgten nun in andächtigen Schauern vor einem Zerrbilde, wie es dieser 24. Februar ist. Werners Leistung wurde durch Müllners „29. Februar" und „Schuld" noch überboten. Schiller hatte in seiner „Braut von Messina" wohl auch das Walten des Fatums gezeigt, allein er stand in seiner ganzen Auffassung doch merklich abseits von Werner und Müllner.

Grillparzer behauptete, je länger, je heftiger, seine Ahnfrau sei durchaus nicht als Schicksalstragödie gedacht. Daran, daß eine mißverständliche Auffassung möglich war, trage Schreyvogel die Schuld, der ihn veranlaßte, die Nachwirkung der Schuld der Ahnfrau zu betonen. Er hat insofern unrecht, als durch die von Schreyvogel geforderte Änderung das Stück wohl einen festeren Rückhalt gewann, in seinem Charakter aber nicht wesentlich verschoben wurde. Schon aus der bloßen Verquickung der beiden Motive vom Räuber Mandrin und von der gespenstischen Urahne mußte sich eine schicksalmäßige Anlage ergeben. Wenn der Zusammenhang deutlicher hervorgehoben wurde, so war das nur von Vorteil. Aber auch so ist das Stück keine Schicksalstragödie im gewöhn=lichen Sinne.

Schiller läßt das Schicksal als eine dunkle, unerforsch=liche Macht gleichsam über den Menschen schweben; Vorherbestimmung, Weltordnung ist es ihm. In ihrer Kleinlichkeit verstehen es die Menschen nicht zu fassen, aber sie wagen, es zu deuten und ihm einen Vorteil abzulisten. Abergläubisch hoffen sie ihm zu entrinnen, und gerade deshalb werden sie von ihm zermalmt.

Weit entfernt von der Höhe dieses Gedankens sind Werner und Müllner. Bei ihnen spielt das Schicksal die Rolle einer launischen Tante, die aus purer Schadenfreude den armen Leuten allerlei blutigen Schabernack antut. Es häuft Greuel auf ganz Unschuldige, zwecklos, ja wider=sinnig ist, was es wirkt. Und wie kindisch äußert es sich! Es wählt just ein bestimmtes Datum für seine tragischen Schelmenstreiche, es kündigt sich durch allerhand Zeichen: ein herabfallendes Messer und dergleichen an. Diese Dramen aber sind es, die man eigentlich unter dem Namen „Schicksalstragödien" zusammenfaßt.

Mit ihnen hat die Ahnfrau in der Tat nichts gemein als etwa, daß auch darin ein verhängnisvoller Dolch benutzt wird. Aber alle Ereignisse vollziehen sich in einer vollkommen logischen Verknüpfung. An den Tatsachen selbst brauchte nichts geändert zu werden, auch wenn die Ahnfrau vollständig fehlte. Trotzdem liegt etwas Schicksal=mäßiges in dem Stück, und das Gespenst ist kein bloßer theatralischer Aufputz. Aber das Schicksal ist auch nicht wie bei Schiller eine außerhalb der Personen stehende, über ihnen wirkende sittliche Macht, es liegt vielmehr in ihnen, es ist nichts weiter als der Reflex der Empfindungen. Alles, was rätselhaft und geheimnisvoll im Leben des

6*

Menschen wirkt, nennen wir Schicksal. Weil uns vieles unbegreiflich ist, ahnen wir eine höhere Macht über uns. Und da hat Grillparzer angesetzt. Er läßt das Unerklärliche unerklärt, er macht keinen Versuch zu deuten, und seine ganze Kunst wendet er daran, daß jene dunkle Macht, die als Schicksal in dem Hause Borotin zu wirken scheint, uns ja niemals deutlich werde; wir sollen sie nicht sehen, nicht begreifen, wir sollen sie nur ahnen. Das gibt seiner Tragödie die eigentümliche Stellung, das gibt ihr auch ihre wahrhaft künstlerische Bedeutung.

Daß die Charaktere nicht Fülle genug besitzen, darin hat Müllner recht; aber vielleicht liegt das auch an dem Stoffe. Die Hauptsache in dieser merkwürdigen Schöpfung ist doch die drängende, unheimliche, schaurige Stimmung. Eine gewisse Verschwommenheit gehört dazu. Die Ahnfrau ist ein musikalisches Drama, das Unausgesprochene ist wichtiger als das, was gesagt wird. Die dunklen, begrifflosen Empfindungen der Menschennatur ringen darin nach Ausdruck. Wenn man sich diese musikalische Grundstimmung der Ahnfrau klar macht, so wird Müllners Bemerkung, daß die Personen mehr singen als reden, fast zum Lobe.

Grillparzer war von dem Wust von Kritiken, die über sein Stück erschienen, angewidert, zumal manche geradezu lügenhafte Angaben enthielten. Er entwarf eine geharnischte Antikritik, ließ sie aber in seinem Pulte liegen. Schreyvogel riet, das Stück drucken zu lassen, damit wenigstens die Lügen authentisch widerlegt würden; in einer schönen Vorrede nahm er Grillparzer in Schutz. Durch die Veröffentlichung im Druck wurde der Dichter allerdings um den besten Teil des materiellen Erfolges gebracht; denn für gedruckte Stücke zahlten die Bühnen damals kein Honorar.

Trotz allem Ärger regte sich in Grillparzer doch bald wieder die Schaffenslust. Er wählte nun einen Stoff, der der Volksbühne noch näher verwandt war, als jener der Ahnfrau, und entwarf nach Voltaires Roman „Le blanc et le noir" den Plan zu dem Schauspiel „Des Lebens Schattenbilder", das er später „Der Traum ein Leben" nannte. Die Schauspieler drängten sich um die Rollen des noch nicht geschriebenen Stückes. Ein Zerwürfnis mit Küstner, der den Zanga spielen sollte, benahm Grillparzer die Lust an der Arbeit. Als nun Küstner bald darauf in einer Zauberposse von E. F. van den Velde auftrat, der gleichfalls ein objektivierter Traum zugrunde lag, war sie ihm vollends verleidet, und er ließ sie liegen. Den vollendeten ersten Akt veröffentlichte er 1821 in Lemberts „Taschenbuch für Schauspieler und Schauspielfreunde".

Durch einen Bekannten, Dr. Joël, wurde er auf den Stoff der Sappho aufmerksam gemacht. Joël meinte, es ließe sich daraus ein gutes Libretto für den Kapellmeister Weigel machen. Grillparzer bemerkte sofort, der Stoff gebe auch eine vortreffliche Tragödie, was Joël mit Rücksicht auf die Dürftigkeit der Geschehnisse bezweifelte. Aber gerade das war Grillparzer recht. Die hämischen Krittler, die den großen Bühnenerfolg der „Ahnfrau" nicht hatten abstreiten können, hatten ihn auf die grelle Theatermache zurückgeführt. Nun fühlte sich Grillparzer versucht, an einem ganz einfachen Stoffe, dem fast jede äußere Bewegung fehlte, seine Dichterkraft zu bewähren.

Noch am selben Tage war der Plan fertig. Des nächsten Tages begann Grillparzer mit der Arbeit, gewiß ohne Kenntnis der vorhandenen, sehr schwächlichen Sappho-Bearbeitungen. Wohl aber studierte er die Über-

lieferung genau, vor allem verschaffte er sich Sapphos,
leider zum größten Teil nur fragmentarisch erhaltene
Dichtungen. Aus ihnen trat ihm die griechische Sängerin
in der ganzen verhaltenen Glut ihres Wesens entgegen.
Eine ihrer Oden — die an Aphrodite — verwob er
geschickt in den Text. In der Zeit vom 1. bis zum 25. Juli
wurde das Stück niedergeschrieben.

Aber Grillparzer mußte warten; denn Schreyvogel
war eben auf einer Reise in Deutschland. Als er endlich
zurückkehrte, wurde ihm das Manuskript sofort vorgelegt.
Er äußerte sich aber nicht sehr hoffnungsfreudig, denn
ihm schien der Mangel an allem Sinnfälligen gar
zu empfindlich. So beeilte er sich denn auch nicht mit
den Proben, obwohl die Schauspieler guten Mutes waren,
und die Aufführung fand erst am 21. April 1818 im
Burgtheater statt. Der Rolle der Sappho hatte sich Frau
Schröder angenommen, die nach Grillparzers Empfinden
dafür freilich etwas gar zu bejahrt war — der Dichter
dachte sich die Sappho als eine etwa 26jährige Frau, und
die Schröder war eine Fünfzigerin —, den Phaon spielte
Korn, die Melitta dessen Frau, die vorher nie in einem
klassischen Drama aufgetreten war. Sie suchte denn durch
gespreiztes Wesen der Würde gerecht zu werden und war
noch auf der Generalprobe unausstehlich. Von Grill=
parzer aufmerksam gemacht, legte sie ihre Unart über
Nacht ab und spielte bei der Aufführung mit der natür=
lichsten Grazie. Der Erfolg war ein ungeheurer, und
sie hatte den Hauptanteil daran — ein Beweis für den
Scharfblick Grillparzers, der sie zu aller Verwunderung
für diese Rolle auserkoren hatte.

Die Ähnlichkeit Sapphos mit Goethes Tasso liegt
auf der Hand, aber sie beruht nicht auf einer unmittelbaren
Beeinflussung, sie erklärt sich vielmehr aus der Wesens=

verwandtschaft beider Gestalten mit Grillparzer selbst. Was dieser von Sappho sagt: „ein Charakter, der Sammelplatz glühender Leidenschaften, über die aber eine e r w o r b e n e Ruhe, die schöne Frucht höherer Geistes= bildung, das Szepter führt, bis die angeschmiedeten Sklaven die Ketten brechen und dastehen und Wut schnau= ben" — das läßt sich ohne weiteres auch auf ihn an= wenden. Wie sehr aber Tasso, dem freilich die „erworbene Ruhe" fehlt, Geist vom Geiste Grillparzers ist, das mußte dieser seinerzeit mit einem förmlichen Schauder wahr= nehmen. Aber während Tasso mit gegensätzlichen An= sichten und Bestrebungen zu ringen hat, geht Sappho bloß an dem Gegensatze der Naturen zugrunde. „Es lag in meinem Plane," sagt Grillparzer, „nicht die Mißgunst, das Ankämpfen des Lebens gegen die Kunst zu schildern, wie in Tasso und Correggio, sondern die natürliche Scheide= wand, die zwischen beiden befestigt ist." Die Personen müssen also durchweg im eigentlichen Sinne unschuldig sein, was die generelle Bedeutung des tragischen Konfliktes allerdings erhöht, die Figuren aber um den starken Reiz vollblütigen Lebens bringt. Phaon und Melitta handeln unbewußt, sie kommen nie zu einem klaren Begehren, sie werden geführt; aber die Passivität ihrer Naturen ist ein Aktivum im Drama.

Grillparzer meinte, wenn die Ahnfrau gewissermaßen eine Paraphrase des berüchtigten malheur d'être sei, so fasse die Sappho in eben dem Sinne ein malheur d'être poète in sich. Trotzdem wollte er nicht eigentlich ein Künstlerdrama schreiben und betonte in Sappho mehr das Weib als die Dichterin. „Künstler sind gewohnt, die Leidenschaften als Stoff zu behandeln," sagt er in seiner Selbstbiographie. „Dadurch wird auch die wirkliche Liebe für sie mehr eine Sache der Imagination, als der tiefen

Empfindung. Ich wollte aber Sappho einer wahren Leidenschaft und nicht einer Verirrung der Phantasie zum Opfer werden lassen." Damit scheint er aber nur zum Teil recht zu haben; denn gerade in dieser eigentümlichen Verquickung von Phantasie und echtem Gefühl liegt die besondere Tragik der Künstlernaturen, wie überhaupt aller Phantasiemenschen. Worin bestände denn sonst die Scheidewand, von der Grillparzer selbst spricht? Wenn es — häufig genug — vorkommt, daß der Künstlermensch die Leidenschaft als Stoff behandelt, so begegnet es ihm ebenso oft, daß er die Träume seiner Seele ins Leben hineinträgt, daß er Wirklichkeiten übersieht, die der gewöhnlichste Verstand erkennt. Dieser Tragik erliegt die griechische Sängerin. Sie erträumt sich eine Liebeswelt, die in Wahrheit nicht existiert. Sie merkt nicht, daß Phaon nur von ihrem Glanz und Ruhm, von ihrem Genius geblendet ist, sie bedenkt nicht, daß er als ein Jüngling ihr, der reifen Frau, gegenübersteht; so wenig bedenkt sie das, daß sie selbst in seiner Gegenwart den Unterschied der Jahre ganz unbefangen erwähnt, sie sieht nicht, wie wenig ebenbürtig ihr der Jüngling ist — sie sehnt sich eben nach Liebe und schafft sich dieses Liebesglück in ihrer glühenden Phantasie, die stark genug ist, auf eine Weile selbst den andern zu betören. Aber endlich kann die Enttäuschung nicht ausbleiben. Verzweifelnd sucht sie die Schuld in den andern, nicht in sich; sie sieht Undankbarkeit und Untreue, wo sie nur sich anzuklagen hätte. Leidenschaftlich kämpft sie und will den Traum ihrer Seele gegen das unerbittliche Leben verteidigen; sie vergißt sich so weit, daß sie den Dolch gegen Melitta zückt. Langsam erwacht das Bewußtsein und zugleich das Grauen vor sich selbst. Von ihrer Höhe ist sie herabgestiegen, einer gleißenden Lüge hat sie ihr Bestes geopfert;

sie schämt sich ihrer selbst. Nur eine große Sühne kann sie wieder emporheben; so stürzt sie sich vom leukadischen Felsen ins Meer.

Manche Kritiker haben den Dolch gerügt; ein so brutaler Ausbruch der Eifersucht passe nicht zu dem edlen Charakterbilde. Aber wenn die erworbene Ruhe zur Geltung kommen sollte, so mußten die Sklaven einmal gründlich von der Kette freigelassen werden, und wir erinnern uns der Worte, die Grillparzer von sich selbst sagt: „Ich bin überzeugt, daß ich eine Untreue der Geliebten blutig rächen würde." Das ist ja der feinste Reiz an der Sappho=Tragödie, daß sie aus dem innersten Leben des Dichters geschöpft ist; gleich Goethe wird ihm jedes Gedicht zur Beichte.

Die Kritik verhielt sich diesmal weniger absprechend, offenbar entmutigt durch den ungeheuren Erfolg, den der Dichter ihr zum Trotz errungen hatte. Nur Müllner ließ seinem Grolle die Zügel schießen. Von Schreyvogel war ihm das Manuskript gesandt worden, und er hatte den unsinnigen Vorschlag gemacht, den ersten Akt zu streichen, im übrigen aber einer geradezu überschweng=lichen Bewunderung für das Werk Ausdruck gegeben. Be=greiflicherweise war Grillparzer auf den Vorschlag nicht eingegangen, und nun rächte sich Müllner, der in dem Dichter der Ahnfrau ohnedies einen gefährlichen Kon=kurrenten erblickte, für die Abweisung durch eine boshafte Kritik der Sappho. Leider hat es Grillparzer unterlassen, den Lobesbrief zu veröffentlichen; er begnügte sich damit, privatim seinen Ekel zu äußern.

Im übrigen wurde in Kritiken wohl viel von man=gelnder Freiheit und von Notwendigkeit gefaselt, wie sich denn Leute, die keinen Blick für die Dinge haben, immer gerne an allgemeine „Gesetze" halten, im großen und ganzen stimmten die Rhadamantusse in das Lob des Publikums ein.

Es regnete anerkennende Episteln und Gedichte, und Schreyvogel schreibt an Böttiger: „Die Großen und die Weiber beeifern sich um die Wette, den bescheidenen Dichter aus seiner Dunkelheit hervorzuziehen." Sogar von Metternich wurde Grillparzer empfangen; der Minister sagte viel Höfliches und erkundigte sich nach den Aussichten und Wünschen des Dichters. Gentz, der kurz vorher der „Sappho" in seinem Tagebuche nicht eben rühmlich gedacht hatte, wohnte der Audienz bei. Grillparzer war in der vornehmen Welt auf einmal Mode geworden, und er meint, wenn er nie etwas anderes geschrieben hätte als Dinge, in denen es sich darum handelt, ob Hans die Grete kriegt, so wäre das wohl auch so geblieben.

Bei allen Ehren war der materielle Erfolg ein sehr geringer, und in richtiger Würdigung dieses Umstandes übersandte der Kaufmännische Verein ein schönes Schreiben, dem eine Note im Werte von 1000 fl. in Silber beilag. Das erfreulichste aber war, daß der Finanzminister Graf Stadion, ein hochdenkender, in jeder Hinsicht ausgezeichneter Mann, auf den Dichter der „Sappho" aufmerksam wurde. Durch seine Vermittlung kam ein Vertrag zustande, der Grillparzer durch fünf Jahre als Theaterdichter dem Burgtheater verpflichtete, wofür ihm ein jährliches Gehalt von 2000 fl. W. W. angewiesen wurde.

Leider ging Graf Stadion in der Fürsorge für seinen Schützling noch weiter. Er versetzte ihn in das Departement, dem die Hoftheater unterstanden, in der Meinung, er würde hier eine seinen Neigungen entsprechende Beschäftigung finden. Nun war jedoch der Leiter dieses

Departements der Hofrat Fuljod, ein Mann ohne Kennt=
nisse, dabei aber verschmitzt und niedrig. Grillparzer
charakterisiert ihn in dem Epigramme:

> „Des Hofs und der Bühne Berater,
> Erfüllt sein Amt er so:
> Ist Hofrat in dem Theater
> Und Komödiant im Bureau."

Der niedrige Mann begann mit dem Versuche, Grillparzer
und Schreyvogel gegeneinander zu hetzen, und da ihm das
nicht gelang, verfolgte er beide mit seinem Hasse. Be=
sonders Grillparzer bekam seine Schikanen zu fühlen; er
mußte bald die Unmöglichkeit eines ersprießlichen Wirkens
einsehen und zog sich selbst mehr und mehr zurück. So kam
er — nicht ganz ohne seine Schuld — in den Ruf eines
nachlässigen Beamten.

Immerhin war in seinen äußeren Verhältnissen ein
so günstiger Umschwung eingetreten, wie er ihn nie zu
hoffen wagte. Was ihn daran besonders freute, das
sagt ein Brief seines ehemaligen Zöglings Grafen
Marzani. „Lieber Freund," schreibt dieser, „mein
Bruder, der wohl weiß, wie sehr ich Sie schätze und liebe,
hat mich von dem glänzenden Schicksal Ihrer Sappho so=
wohl, als von den günstigen Veränderungen Ihres Zu=
standes unterrichtet. Ich würde des zweiten Umstandes
wohl kaum erwähnt haben, wenn ich Ihr Herz und Ihre
Gesinnungen gegen Ihre Mutter zu kennen nicht Ge=
legenheit gehabt hätte und mit Zuversicht den Satz auf=
stellen könnte: daß in Ihrem Innern das Gefühl
des Beifalls und der Anerkennung Ihrer Verdienste
sich dicht an das Wohlgefallen reiht, gegenwärtig
imstande zu sein, das Los ihrer Mutter im Alter zu
versüßen."

Diese schlichten, warmherzigen Worte lassen uns einen Blick tun in die stille Häuslichkeit des Dichters. Mit fast leidenschaftlicher Zärtlichkeit hing er ja allzeit an seiner Mutter, und in der Tat, sein größter Stolz mag es gewesen sein, sie nun endlich aller Sorg' und Not überhoben zu haben.

VI

Die Zeit vor und nach der italieniſchen Reiſe

Leider blieb ihm der volle Genuß des friſch er=
worbenen Glückes verſagt. An ſeiner Mutter, deren ohne=
dies zarte Geſundheit unter den Entbehrungen und
Kümmerniſſen der letzten Jahre gelitten hatte, zeigten
ſich ſchon im Frühjahre 1818 die Spuren einer ernſten
Krankheit; der Arzt empfahl ihr, die Schwefelthermen
im nahen Baden zu gebrauchen. Im Mai überſiedelte
ſie dorthin, und ihr Sohn, der einer Erholung gleichfalls
bedürftig war, begleitete ſie, nachdem der Präſident der
Hoffammer, Graf Chorinsky, den nötigen Urlaub bereit=
willigſt erteilt hatte. Allein mit der Erholung hatte es
gute Wege, und wenn Schreyvogel in einem Brief aus
jenen Tagen verſichert, Grillparzer ergebe ſich in Baden
einem ſüßen far niente, ſo war er ſelbſt ſchlecht berichtet.
Denn ſchon beſchäftigte ſich der Dichter eifrig mit einem
neuen Werke. Ein Zufall hatte ihm Hederichs mytho=
logiſches Lexikon in die Hände geſpielt, und ſein erſter
Blick fiel auf den Artikel über Medea. Die Sage war
ihm ſeit ſeinen Knabenjahren wohl vertraut, nun auf
einmal zog ſie ihn mächtig an. Die Umriſſe einer ge=
waltigen Tragödie zeigten ſich ſeiner lebhaft erregten

Phantasie, rasch, wie das seine Art war, gliederte sich ihm der Stoff, und sogleich sollte mit der Arbeit begonnen werden.

Dabei bekümmerte es ihn wenig, daß die Medeensage auch in neuerer Zeit mehrfach dramatisch war behandelt worden, ja daß ein Melodram von Gotter noch 1817 — mit der Schröder in der Titelrolle — in Wien aufgeführt wurde. Er fühlte wohl, wie sehr er überlegen war. Auch waren Vergleiche schon darum ausgeschlossen, weil sein Plan sich auf die g a n z e Sage erstreckte, während den vorhandenen Dramen nur ein Bruchstück davon, die Katastrophe, zugrunde lag. Mehr Bedenken schuf ihm just das Weitausgreifende seiner Absicht: der grandiose Stoff konnte nur in der Form der Trilogie bewältigt werden; diese Form schien ihm aber dem Wesen des Bühnenspieles nicht ganz zu entsprechen und überdies an die Aufnahmsfähigkeit des Publikums übermäßige Anforderungen zu stellen. Doch auch darüber hoffte er Herr zu werden, und so vertiefte er sich guten Mutes in die antiken Überlieferungen der Argonautensage.

Allein noch bevor er an die eigentliche Arbeit gehen konnte, überfiel ihn eine heftige Krankheit, die nach ärztlichem Ausspruch in einer weitgediehenen Zerrüttung des Ganglienfystems bestand und sich in dem völligen Versagen des Verdauungsapparates äußerte. Dieses heimtückische Leiden, das allen Heilungsversuchen hartnäckigen Widerstand leistete, brachte den Dichter körperlich arg herunter und hinderte ihn auch an regelmäßiger geistiger Tätigkeit. Seine Anlage zur Hypochondrie kam hinzu, rasch verfielen seine Kräfte, und er geriet in einen Zustand der Verzweiflung.

In dieser Bedrängnis stellte sich ein unverhoffter Retter in der Person Ladislaus Pyrkers ein. Dieser wohl-

meinende und unterrichtete Mann, damals schon Bischof
von Zips, bald nachher Patriarch von Venedig, zuletzt
Erzbischof von Erlau, spielte in dem österreichischen Kunst=
leben jener Tage eine ziemlich bedeutende Rolle. Er galt
für einen feinen Kenner und bereitwilligen Förderer schön=
geistiger Bestrebungen, und in den vornehmen Kreisen
war sein Urteil von Gewicht. Seine eigenen dichterischen
Versuche fanden viele Lobredner; man hielt eben seiner
kirchenfürstlichen Würde zugute, was ihm an poetischer
Begabung fehlte. In der Mitte der zwanziger Jahre
trat er mit umfangreicheren Werken — zwei Epen aus
der Habsburgischen Geschichte — hervor, die zwar von
dem fleißigen Studium vorzüglicher Muster Zeugnis ab=
legten, dabei aber freilich jeden freien Schwung vermissen
ließen. Mehr Dilettant als wirklicher Dichter, scheint
der Mann von Autoren= und Mäzenateneitelkeit nicht
frei gewesen zu sein; dennoch ist ihm ein redlicher Wille,
das Schöne zu suchen und in seinen Schutz zu nehmen,
keineswegs abzusprechen. So zählte er denn auch zu den
aufrichtigsten Bewunderern Grillparzers. Als er nun
den Dichter in Baden aufsuchte und in einem verzweifelten
Zustande fand, schlug er ihm vor, ihn nach Gastein, wo=
hin er eben selbst reisen wollte, zu begleiten. Kurz ent=
schlossen nahm Grillparzer an, in zwei Stunden war er
reisefertig, und ohne Aufschub ging's mit raschen Posten
an der Seite des Prälaten nach dem herrlichen Alpenbade.

Die Hoffnungen, die er auf die Heilkraft der Gasteiner
Quellen setzte, sollten sich in reichem Maße erfüllen;
er verdankte ihnen, wie er selbst sagt, sein Leben. Mochte
er damit auch ein wenig übertreiben — nach Art schwarz=
galliger Leute, die die Schwankungen ihres körperlichen
Befindens allzu peinlich überwachen —, sicherlich war die
Wirkung auf Leib und Geist über alle Erwartung günstig,

und so bewahrte er dem Salzburgischen Bade eine fast an Zärtlichkeit grenzende Anhänglichkeit; in den beiden folgenden Jahren suchte er es wieder auf, jedesmal mit dem besten Erfolge.

Schon 1818 dürften die fünf gehaltvollen Stanzen entstanden sein, die unter dem Titel „A b s ch i e d v o n G a st e i n" bekannt sind, aber wahrscheinlich erst bei seinem zweiten Besuche — im Jahre 1819 — hat sie Grillparzer in das Gasteiner Ehrenbuch eingetragen, woraus sie übrigens bald danach durch einen Autographen= jäger entwendet wurden; veröffentlicht wurden sie 1820 in dem von Schreyvogel redigierten Taschenbuch „Aglaja".

Die erste Strophe enthält den Dank des Dichters. „Trösterin so mancher bittrer Leiden" nennt er das freundliche Gastein und fährt fort:

> „Was Gott mir gab, worum sie mich beneiden,
> Und was der Quell doch ist von meiner Pein,
> Der Qualen Grund, von wenigen ermessen,
> Du ließest mich's auf kurze Zeit vergessen."

Aber diese tröstliche Stimmung hält nicht vor; die nächsten Strophen führen in reichen — vielleicht etwas zu reich= lichen — Bildern den Gedanken aus, daß der Dichter, in den unseligen Zwiespalt zwischen Phantasie und Wirk= lichkeit, zwischen Himmel und Erde hineingestellt, auf alles menschliche Glück verzichten und für jede Freude, die er durch seine Kunst anderen bereite, mit bitteren Schmerzen zahlen müsse. Aus Grillparzers Nachlaß wissen wir allerdings, daß ein versöhnlicher Schluß ge= plant war. Wenn es dem Dichter in seltnen, süßen Augenblicken gelungen,

> „ . . . . frei und los
> Von all den goldnen Zauberstricken,

Mit denen ihn ein neidscher Geist umschloß,
Das hingesunkene müde Haupt zu drücken
Durch Gras und Blumen an der Erde Schoß,
Das welke Herz mit seinen matten Schlägen
Zu drängen seiner Mutter Brust entgegen;

Wenn's ihm gelang, das wache Ohr zu schließen
Dem ew'gen Locker mit Sirenenlaut,
Der ihm für all sein Hoffen und Genießen
In weiter Ferne andre Welten baut,
Wenn er nur Blumen pflückend, die da sprießen,
Nicht sehnend mehr nach Paradiesen schaut . . . . ."

dann, nur dann werde auch in sein gemartertes Gemüt
der Friede einkehren. Eine unsäglich wehmütige Verzicht=
stimmung, die zage Sehnsucht, aus verwirrenden Weiten
in die beschauliche Enge zu flüchten, dieselbe Sehnsucht,
die das Märchenspiel „Der Traum ein Leben" als
Grundton durchklingt, tönt uns schon hier entgegen. Ohne
Zweifel hätte der „Abschied von Gastein" durch einen
in mildere Stimmung einlenkenden Schluß gewonnen,
aber der Nachlaß enthält nur unfertige Entwürfe, und
so blieb das Gedicht Fragment.

Schaffensfroh und schaffenskräftig kehrte Grillparzer
aus dem Bade zurück. Am 29. September begann er an
der Trilogie zu arbeiten, und schon am 5. Oktober war
der erste Teil „Der Gastfreund" vollendet. Bald
folgten die ersten drei Akte des zweiten Teiles „Die
Argonauten"; sie entstanden in der Zeit vom
20. Oktober bis zum 3. November. Leider erfuhr die
rasch und glücklich fortschreitende Arbeit eine unheilvolle
Unterbrechung. Der Zustand von Grillparzers Mutter
hatte sich in der bedenklichsten Weise verschlimmert; die
arme Frau konnte das Bett nicht mehr verlassen und ver=
fiel zeitweise in Geistesverwirrung. In der Nacht vom

23. auf den 24. Januar 1819 machte sie mit eigener Hand ihrem Leben ein Ende. Grillparzer berichtet zwar in seiner Selbstbiographie, sie sei vom Schlage gerührt worden; allein das Leichenbeschau=Protokoll läßt über die wahre Todesart der unglücklichen Frau keinen Zweifel bestehen. „Frau Marianne Grillparzer," heißt es da, „Advokatenswitwe, hier gebürtig in Nr. 436 Stadt, wurde in ihrer Wohnung tot gefunden und im allgemeinen Krankenhause gerichtlich beschaut. NB. Hat sich erhängt."

Der jähe Schlag traf Grillparzer auf das furcht= barste. In den herben Schmerz um den Verlust mischte sich ein banges Grauen. Vor wenig mehr als Jahresfrist — im November 1817 — war sein jüngster Bruder Adolf gleichfalls durch Selbstmord aus dem Leben geschieden. Der mißratene Jüngling hatte sich in der Donau ertränkt, weil er fühlte, daß er nicht mehr die Kraft zu einem rechtschaffenen Leben besitze. „Lieber Franz oder Mama wer es findet," lauten die ergreifenden Abschiedsworte, die er auf einen Zettel hinkritzelte, „da ich immer mehr und mehr in das stellen hineingekommen wäre, so habe ich den Entschluß gefaßt mir selbst das Leben zu nehmen. Will gelogen und betrogen haben ich die Mama und den Franz, doch bitte ich um Verzeihung, und mir nicht fluchen. O Gott vielleicht werde ich in der andern Welt noch viel laüden müssen, und wenn einstenz der Franz sich verheurathen sollte und Kinder bekommt, so soll er ihnen warnen, daß sie nicht mir gleich werden. . . . Lebe die Mama und der Franz recht vergnügt und denket öfter auf mich unglücklichen Adolph Grillparzer."

Es scheint, daß der Dichter von dem Tode seines Bruders nicht allzu heftig berührt worden war; der tiefe Abscheu vor der Schuld, die Adolf auf sich geladen, mochte ihn hart gemacht haben. Nun aber, da seine zärtlich

verehrte Mutter, die keinerlei Schuld zu sühnen hatte,
auf die gleiche Weise endete, nun packte ihn das Entsetzen.
Der Wahnsinn hatte sie dahingerafft, und Wahnsinn
war es auch gewesen, das mußte er nun erkennen, was
seinen unglücklichen Bruder in Schuld und Tod getrieben.
Schaudernd fühlte er, wie die dunkle, feindliche Macht,
das unheilvolle Muttererbe, auch in seinem eigenen
Innern lauerte, und eine wahre Furcht vor sich selber,
vor seiner Zukunft überkam ihn. Seiner zähen Lebens=
energie, die sich allzeit im Widerstand gegen Hemmungen
kräftiger erwies als im Erstreben und Festhalten von
Erfolg und Glück, gelang es wohl, den wilden Aufruhr
zu bändigen, dafür aber ergriff ihn mehr und mehr ein
Gefühl trostloser Öde. Mit seiner Mutter war ihm das
Teuerste dahingegangen, und wie einsam er auch von früh
auf gewesen, an ihr hatte er doch mit aller Innigkeit
gehangen, deren seine Natur sich fähig zeigte. Sie hatte
nie versucht, in sein Wesen einzugreifen und ihre Art
ihm aufzuzwingen, nichts hatte sie von ihm verlangt als
seine Liebe, und die hatte er ihr stets freudigen Herzens
dargebracht. Sie war der einzige Mensch, dem er sich
innerlich aufschloß; sich ihr hinzugeben, sich in sie zu
fügen, kam ihm leicht an, gerade weil sie es nicht forderte;
für sie zu sorgen, ihr Freude zu bereiten, war ihm ein
lieber und natürlicher Gedanke. Das Zusammenleben
von Mutter und Sohn gemahnte besonders in den letzten
Jahren an die schöne Vertraulichkeit eines ehelichen Ver=
hältnisses. Nun war das vorbei. Grillparzer hatte nie=
manden mehr, für den er leben und sorgen m u ß t e; sein
mürrischer Egoismus, bisher von kindlicher Pflicht und
Liebe in gewissen Grenzen gehalten, ergriff nun ganz
Besitz von ihm: nun war er völlig allein. Mehr als nur
eine Mutter hatte ihm der Tod entrissen; das Band, das

7*

ihn am festesten an das warme Leben schloß, war zer=
schnitten, und ein neues zu knüpfen verbot ihm das Ein=
same seiner Natur, das egoistische Beharren auf sich selbst.
Das fühlte er, wohl ohne sich darüber völlig klar zu
werden, und in öden Stunden überkam ihn bisweilen
mattherzige Todessehnsucht. Eine solch elegische Stim=
mung durchzittert das Gedicht „An die voraus=
gegangenen Lieben", das wohl hauptsächlich seiner
Mutter gilt:

> Seid ihr vorausgegangen,
> Liebe Gefährten der Reise,
> Wohnung mir zu bereiten,
> Der noch im Staube des Wegs?
>
> Sucht mir ein Kämmerchen, Liebe!
> Still und freundlich und klein,
> Doch in eurer Nähe,
> Ich bin nicht gern allein.
>
> Heimlich sei es und stille,
> Schatten mäß'ge den Tag,
> Daß ich gern sitzen und sinnen,
> Dichten und denken mag.

Man kann über den künstlerischen Wert dieses Gedichtes
denken, wie man will, die trübselige Stimmung jener Tage
spiegelt sich darin getreulich wieder, und die Mängel
der Form, die durch keine nachbessernde Hand beseitigt
wurden, erhöhen noch den Eindruck der Unmittelbarkeit.
Bezeichnend — in seinem naiven Egoismus — ist übrigens
der Schluß. Grillparzer sehnt sich nach Wiedervereinigung
mit seinen vorausgegangenen Lieben, weil er — sich selbst
bei ihnen wiederzufinden hofft, und vom Tode wünscht

er, daß er ihm gebe, was das Werk und der Inhalt seines Lebens ist: Dichtung.

Dichterische Tätigkeit allein, das fühlte er, konnte ihm Vergessen, konnte ihm Überwindung bringen, und indem dieses Gefühl sich regte, begann auch schon, langsam zwar und kaum merklich, die Gesundung. Noch waren freilich Körper und Gemüt arg zerrüttet, und die Stimmung, diese Quelle alles künstlerischen Schaffens, schien unwiederbringlich versiegt. Die Ärzte rieten zu einer Reise. Begierig griff Grillparzer den Vorschlag auf. Seine Blicke wandten sich nach Italien, jenem Lande, zu dem ihn früh schon ein lebhaftes Verlangen hingezogen hatte. Der Gedanke ward rasch zum Entschlusse, und eifrig betrieb er sein Vorhaben. Mit einer etwas bissigen Bescheidenheit wies er in seinem Urlaubsgesuche darauf hin, daß er die Gewährung seiner Bitte um so eher erhoffen dürfe, „als seine gegenwärtigen Geschäfte als Konzeptspraktikant, obschon für ihn schätzbar und ehrenvoll, doch nicht von der Art seien, daß wegen Supplierung irgend eine Verlegenheit entstehen könnte". Und das Gesuch dieses so leicht ersetzbaren Mannes mußte wie ein Staatsakt von höchster Wichtigkeit direkt an den Kaiser oder vielmehr — da dieser eben mit seiner Gemahlin zum Besuche des Papstes nach Rom gereist war — an seinen Stellvertreter geleitet werden! Graf Chorinsky mußte eine Eingabe darüber verfassen, und seiner energischen Fürsprache war es zu danken, daß die Erledigung verhältnismäßig rasch, wie es in der Amtssprache heißt, herunterkam. Es traf sich nun glücklich, daß der Kämmerer Graf Deym, der dem kaiserlichen Paare im eigenen Wagen mit Extrapost nachreiste, einen Begleiter „auf halbe Kosten" suchte. Grillparzer machte sich die Gelegenheit gern zu nutze, und so ward die Reise unter

günstigen Umständen angetreten. Ein Gefühl wieder=
kehrender Kraft belebte den Dichter, und frohe Hoffnungen
schwellten sein Herz.

> „Der Pilger zieht mit Hut und Stab
> Zum heil'gen Grabe weit,
> So zieh' auch ich zu deinem Grab,
> Du heil'ge, entschlafene Zeit."

— so sang er voll ungeduldiger Erwartung, und zuver=
sichtlich rief er aus:

> „Und lernen will ich auf deinen Laut,
> Was der Mensch bewirkt und erschafft,
> Wenn er dem Gott im Busen vertraut,
> Und der selbstgegebenen Kraft.
>
> Dann kehr' ich heim mit stolzem Sinn
> Und schaff' in gesättigter Ruh,
> Was jung soll sein, wie ich es bin
> Und alt soll werden wie du."

Über Graz und Laibach ging die Reise zunächst nach
Triest, und von hier nach kurzem Aufenthalte in einem
elenden Trabakel nach Venedig, dessen Schönheit den
Dichter für die Beschwerden der zweitägigen Seefahrt
reichlich entschädigte. Der Gouverneur Graf Goiß nahm
ihn auf das liebenswürdigste auf und wollte ihn mit
Lord Byron, der eben damals in Venedig weilte, bekannt
machen. Grillparzer hegte eine schwärmerische Verehrung
für den englischen Poeten, dem er sich tief verwandt
fühlte. Oft hatte ihn ein förmliches Grauen angewandelt,
wenn er in den Byronschen Dichtungen die dunkelsten
Geheimnisse seines eigenen Wesens, die schmerzlichsten
Wirrnisse seiner Seele mit unheimlicher Schärfe geschildert

fand. So brannte er denn darauf, dem genialen Manne
Aug' in Auge gegenüberzutreten. Aber Graf Deym,
dem Byron keineswegs so interessant war, wollte nicht
warten; er fürchtete nämlich die österlichen Zeremonien
in Rom zu verpassen, und so kam es zur Abreise, ohne
daß die beiden Dichter einander begegnet wären.

Ohne Aufenthalt ging nun die Fahrt nach Rom.
Grillparzer nutzte hier seine Zeit aufs beste aus und
nahm von den Herrlichkeiten der ewigen Stadt in sich auf,
so viel Auge und Herz nur fassen wollten. Römisches
Gegenwartsleben und römische Vergangenheit interessierten ihn in gleicher Weise. Den kirchlichen Feierlich-
keiten folgte er als aufmerksamer Beobachter, und unermüdlich war er auf den Beinen, um die geschichtlichen
Denkmäler und die reichen Kunstschätze der Stadt zu
studieren. Natürlich wurde auch das Theater fleißig besucht. Dieses anstrengende Leben, verbunden mit dem
ungewohnten Klima und der italienischen Kost, setzte
seinem schwächlichen Körper arg zu; er bekam einen Durchfall, der sich bald bis zu einem sehr bedenklichen Grade
steigerte. Italienische Quacksalber versuchten vergeblich
ihre Künste, aber dem Leibarzte Metternichs, Dr. Friedrich
Jaeger, gelang es bald, dem Übel zu steuern. Der Wunsch,
die Adresse dieses Mannes zu erfahren, führte Grillparzer übrigens auch mit Friedrich Schlegel zusammen,
den der Kanzler nach Rom mitgenommen hatte. Mit
knappen, aber köstlichen Worten schilderte der Dichter
seinen Besuch bei dieser Leuchte der Romantik. „Es
war gegen Abend," schreibt er in seiner Selbstbiographie,
„und ich fand ihn und seine Frau in Gesellschaft eines
welschen Geistlichen, der ihnen aus einem Gebet= oder
sonstigen Erbauungsbuche vorlas, wobei die Frau mit
gefalteten Händen zuhörte, der Gatte aber mit gottseligen

Augen der Lesung folgte, indes er aus einer vor ihm
stehenden Schüssel mit Schinken und einer großen Korb=
flasche Wein seinen animalischen Teil erfrischte. Den
Geistlichen vertrieb bald meine weltliche Nähe."

Mit seinem Reisebegleiter hatte sich Grillparzer
mittlerweile zertragen. Graf Deym, der sich ausschließlich
für Landwirtschaft und Gewerbe interessierte, fand sich
dadurch verletzt, daß Grillparzer seine eigenen Wege ging,
und dieser wieder mochte nicht eine Rücksicht üben, die
ihn um die besten Früchte der Reise gebracht hätte. So
war es ihm sehr erwünscht, daß ein Zufall ihn mit
Graf Wurmbrand, dem Obersthofmeister der Kaiserin,
bekannt machte, einem feingebildeten Manne, mit dem er
sich vorzüglich verstand. In seinem Wagen, also eigentlich
im Gefolge der Kaiserin, machte er die Reise nach Neapel;
auch wohnte er hier bei dem Grafen in den Gemächern,
die diesem vom Hofe angewiesen worden waren. Wurm=
brand, der sich dem Dichter herzlich zugetan zeigte und
ihn in guter Meinung fördern wollte, suchte wiederholt,
ihn der Kaiserin vorzustellen; es scheint in der Tat seine
Absicht gewesen zu sein, ihm die Stelle eines Privat=
sekretärs der Kaiserin zuzuschanzen. Grillparzer jedoch
wich beharrlich aus. Es widerstrebte ihm, seinen Vetter
Paumgarten, der bisher diese Stellung inne hatte, zu
verdrängen; auch wollte er bei künftigen dichterischen
Arbeiten nicht durch die Rücksicht auf die bigotte Ge=
sinnung der Kaiserin gehemmt sein. Trotzdem entstand
das Gerücht, seine Anstellung sei bereits vollzogen, und
drang auch nach Wien, wo es ihm in der Folge empfind=
lichen Schaden tat.

In Neapel fühlte sich Grillparzer wohler als in Rom.
Ein äußerst angeregter Verkehr mit jungen Aristokraten
ließ hypochondrische Stimmungen nicht aufkommen, und

die strahlende Schönheit der Natur, in der er schwelgte,
erfüllte seine Seele fast mit Heiterkeit. Natürlich genoß
er auch mit vollen Zügen, was die Stadt an Kunst zu
bieten hatte. Eine interessante Episode bildete der Be=
such bei Metternich, der den Dichter zu Tische gebeten
hatte und beim Kaffee mit Begeisterung den eben er=
schienenen vierten Gesang von Byrons Childe Harold
aus dem Gedächtnisse vortrug.

Ein unliebsames Ereignis verlängerte Grillparzers
Aufenthalt in Neapel weit über die ursprünglich fest=
gesetzte Zeit hinaus. Graf Wurmbrand war auf einem
Schiffe gestürzt und hatte sich dabei ein Bein gebrochen.
Der Dichter wollte den freundlichen Reisegenossen nicht
im Stiche lassen und beschloß, bis zu seiner Heilung bei
ihm auszuharren. Wohl mußte er deshalb seinen Urlaub
überschreiten, aber der Kaiser selbst ermächtigte ihn zu
bleiben. Nach etlichen Wochen erst konnte die Heimreise
angetreten werden. Unterwegs hielt man sich noch einmal
in Rom auf, wo Grillparzer sehr wider Willen in die
Lage kam, dem Papste den Fuß küssen zu müssen, eine
Szene, die er in seiner Selbstbiographie mit trockenem
Humor schildert. Von Rom aus fuhr er ohne Unter=
brechung nach Wien.

Die italienische Reise hat nicht ganz gehalten, was
sich Grillparzer von ihr versprochen hatte. Immer wieder
stößt man in seinem Tagebuche auf Ausdrücke der Ent=
täuschung; die Wirklichkeit blieb nur zu oft hinter der
Vorstellung, die er sich in der Phantasie von ihr ge=
macht, zurück. Umwandelnd und bestimmend wie auf
Goethe hat Italien nicht auf ihn gewirkt, und ebensowenig
hat es ihm die „gesättigte Ruhe" gegeben, die er so sehn=
lich dort zu finden gehofft. Eine Fülle von Anregungen
hat es ihm freundlich gespendet, sein Innerstes aber blieb

unberührt, und er kehrte als derselbe zurück, als der er gegangen war.

Den mächtigsten Eindruck hat Venedig auf ihn gemacht. „Rom ist tot,“ schrieb er in sein Tagebuch, „ein herrlicher Leichnam, aber Venedig regt sich noch und dehnt seine Riesenglieder zum unfreiwilligen Abschied aus dem Leben. Wer nicht sein Herz stärker klopfen fühlt, wenn er auf dem Markusplatze steht, der lasse sich begraben, denn er ist tot, unwiederbringlich tot.“ Besonders angezogen fühlt er sich vom Palazzo San Marco, der für ihn etwas Grauenvolles und Lockendes zugleich hat. Dort schwelgt er in geschichtlichen Erinnerungen, wie er überall das Leben vergangener Jahrhunderte neu um sich erstehen sieht; hier wie in Rom werden ihm die Denkmäler alter großer Zeiten zur Szenerie, die seine geschäftige Einbildungskraft mit herrlichen Gestalten bevölkert.

Bezeichnend ist, daß sich in seinem Tagebuche weit mehr Betrachtungen über Baudenkmäler, als über Gemälde und Statuen finden. Das Forum fällt ihm durch die Kleinheit der öffentlichen Gebäude Altroms auf; es sei offenbar mit solchen Gebäuden überladen gewesen, so daß man sich kaum vorstellen könne, wie das je habe schön sein können. Die Gebäude aus der kaiserlichen Zeit seien wohl gewaltig, aber sie hätten etwas Barbarisches, und man sehe ihnen an, daß sie von Despoten errichtet worden seien. Eine Ausnahme bilde das Kolosseum. „Ein lebhaftes Bild der römischen Größe,“ schreibt er, „so daß die Phantasie dadurch wirklich erweitert wird, gibt unter allen hiesigen Denkmälern alter Zeit beinahe allein das Kolosseum. Herrlicheres kann man nicht mehr sehen.“ Und er vergleicht es nun mit der Peterskirche, die ihn eigentlich enttäuscht hat; es fehle an der Möglichkeit einer Gesamtübersicht, meint er, und das beeinträchtige die Erhabenheit des Eindrucks. Die Ansicht, daß sie nur

darum nicht so gewaltig erscheine, wie sie sei, weil sie in
r i ch t i g e n Verhältnissen erbaut sei, hält er für falsch.
„Ist es denn das Kolosseum in minder richtigen?" fragt
er. „Und doch erscheint es beim ersten Anblick als ein
Großes, indes man die Peterskirche mehrere Male sehen
und erst Vergleichungen anstellen muß, um sie ganz zu
würdigen. Meiner Meinung nach rührt diese Verschieden=
heit nicht von daher, daß die Peterskirche in r i ch t i g e n ,
sondern daß sie in u n g e h e u r e n Verhältnissen gebaut
ist, das Kolosseum aber nur in g r o ß e n . Diese fünf
Reihen Bogen übereinander, deren jeder sich sogleich als
sehr groß darstellt, machen mich die Größe des letzten
beim ersten Blick erkennen; wer sagt mir denn aber bei
der Peterskirche, wie hoch diese einzige Säulenreihe sei,
welche das Gebälk trägt? Erst wenn man die Entfernung
des Petersplatzes praktisch erfahren hat, bewundert man
die Kirche, und man muß die Größe herausrechnen, statt
sie anzuschauen."

Die Meisterwerke der Renaissancekunst erfüllen ihn
mit ehrfürchtiger Bewunderung, obwohl er in Äußerungen
darüber sparsam ist. So viel aber sehen wir, daß sie
ihm nicht, wie einst Goethen, Offenbarungen eines Stil=
prinzips sind, das ihn mächtig fesselt und ihm Richtung
gibt, sondern daß in ihnen nur das persönliche Genie
der Meister auf ihn wirkt; denn mit derselben Freude
spricht er von den Niederländern, die er in der Galerie
des Kardinals Fesch sieht.

Ziemlich zurückhaltend zeigte er sich der neueren Kunst
gegenüber. Entzückt war er nur von Thorwaldsen, und
besonders von dessen Basreliefs spricht er in den Aus=
drücken höchsten Lobes; da sei wirklich ein Aufleben des
antiken Geistes zu spüren. Weniger günstig urteilte er
über Canova; zwar fand er dessen Bildwerke schön, aber

sie erinnerten ihn an einen aus Butter geformten Simson, den er einmal in einem Laden sah. Sehr geringschätzig äußerte er sich über die deutschen Nazarener, die damals in Rom eine förmliche Kolonie gegründet hatten und in hohem Ansehen standen; er, der aufgeklärte Josefiner, fand sich von ihrem frömmelnden Wesen abgestoßen.

Merkwürdig selten sind Bemerkungen über das Theater. In Rom sah er zum erstenmal die Schauspiel=kunst des eigentlichen Italien. Die Oper fand er erbärmlich, das rezitierende Schauspiel gefiel ihm besser, und er lobte vor allem das außerordentlich sprechende Mienen= und Geberdenspiel. Besonderes Wohlgefallen fand er an dem Pulcinella und der Kolombine der Neapolitaner; Gutmütigkeit, Natürlichkeit und spitz=bübische Naivität rühmte er ihnen nach.

Aufmerksam, aber ohne innere Teilnahme verfolgte er die kirchlichen Zeremonien. Sie seien an sich rührend und erhaben, sagt er, haben aber „durch die Länge der Zeit und die abstumpfende Macht der Gewohnheit von Seite der mitwirkenden Personen so sehr alle Bedeutend=heit, so allen Geist verloren, daß sie mit wenigen Aus=nahmen sich beinahe komödienmäßig ausnehmen". Und so stark war dieser Eindruck in ihm, daß er gelegentlich über den Papst unwillkürlich wie über einen Schauspieler urteilte; er rügte es, daß Pius VII. beim Umzug durch die Peterskirche die segnenden Kreuzeszeichen schnell und mit kaum vom Leibe getrennter Hand gemacht habe, statt langsam und weit vor sich hin, was zu der Erhabenheit der Feier besser gepaßt hätte.

Mit äußerst kritischen Augen beobachtete er in Neapel das sogenannte Januariuswunder, wobei das in zwei Phiolen aufbewahrte eingetrocknete Blut des Heiligen flüssig gemacht wird, und er sah den Geistlichen scharf

auf die Finger. Daß es sich um eine Täuschung handle,
stand ihm fest, und er fand die Ausführung nicht ein=
mal sonderlich geschickt. Das Betragen der Priester schien
ihm ganz das von Taschenspielern zu sein, „die vor und
nach ihren Kunststücken immer den Ärmel und Schoß
sehen lassen und aufmerksam machen, daß alles ohne
Betrug abgelaufen sei. Dieses immerwährende Hindeuten
auf die Möglichkeit eines Betruges ist überhaupt höchst
naiv."

Zur alten, entschlafenen Zeit des Heidentums hin=
zupilgern, hatte sich Grillparzer beim Antritt seiner Reise
gelobt, und so hielt er's auch. Das rein Menschliche in
Kunst und Geschichte nahm er mit willigen Sinnen in sich
auf, dem spezifisch Christlichen jedoch stand er zwar nicht
feindselig, aber doch fremd und deutlich ablehnend gegen=
über. Er befand sich damit in einem bewußten Gegensatze
zu Zacharias Werner, den Italien zu zelotischen Sonetten
begeisterte.

Eine Quelle lautersten Genusses wurde aber für Grill=
parzer die kirchliche Musik, und besonders das Miserere
Allegris, das er in der sixtinischen Kapelle zu hören
bekam, regte sein Innerstes auf. Mit hohem, un=
getrübtem Entzücken erfüllte ihn auch die üppige Herr=
lichkeit der italienischen Landschaft. Sein tiefes Natur=
gefühl erquickte sich an dem edlen Reiz der Linien, an
der Pracht und dem Reichtum der Farben, und ihn,
den alle kirchlichen Feiern mehr verletzt als erbaut hatten,
überkam beim Anblick all der Schönheit, die da vor ihm
ausgebreitet lag, eine eigentliche Frömmigkeit und An=
dacht.

So hatte ihm die italienische Reise doch sehr viel
gegeben, wenn auch nicht alles, was er von ihr erwartet
hatte. In Wien aber harrte seiner ein äußerst unfreund=

licher Empfang. Zunächst ereilte ihn ein scharfer Tadel
wegen der Überschreitung seines Urlaubs. Der Hinweis
darauf, daß der Kaiser selbst die Verlängerung bewilligt
hatte, nützte nichts; die hohe Büreaukratie war absoluter
als der Herrscher und ließ mit sich nicht spaßen. Dann
mußte Grillparzer erfahren, daß er bei Besetzung einer
wirklichen Konzipistenstelle, auf die er als dienstältester An-
wärter Anspruch hatte, schmählich übergangen worden war.
Die Entschuldigung, daß man dem Gerüchte von seiner
Anstellung als Privatsekretär der Kaiserin geglaubt habe,
war ersichtlich nur eine Ausrede. Grillparzer war be-
greiflicherweise ärgerlich darüber und verlangte, obwohl
kaum erst von Italien heimgekommen, einen Urlaub, der
ihm übrigens bereitwilligst zugestanden wurde. Er ging
nach Gastein, wo er in vortrefflicher Gesellschaft eine
frohe Zeit verlebte. Aber schon lauerte ein neuer, viel
schlimmerer Verdruß auf ihn. In dem Taschenbuche
„Aglaja" für 1820, das bereits im Herbste 1819 aus-
gegeben wurde, hatte Grillparzer eine Reihe von lyrischen
Gedichten veröffentlicht, darunter das in Rom entstandene
„Die Ruinen des Campo vaccino". Er gab
darin seinem Schmerz über den Fall der alten, herrlichen
Zeit Ausdruck und beklagte vor allem, daß die Ruinen
jener Größe wie zur Schmach noch das Zeichen des
Siegers tragen müßten.

> Kolosseum, Riesenschatten
> Von der Vorwelt Macht-Koloß!
> Liegst du da in Tods-Ermatten,
> Selber noch im Sterben groß.
> Und damit verhöhnt, zerschlagen
> Du den Martyrtod erwarbst,
> Mußtest du das Kreuz noch tragen,
> An dem, Herrlicher, du starbst.

Tu es weg, das heil'ge Zeichen,
Alle Welt gehört ja dir;
Überall, nur bei diesen Leichen,
Überall stehe — nur nicht hier!
Wenn ein Stamm sich losgerissen
Und den Vater mir erschlug,
Soll ich wohl das Werkzeug küssen —
Wenn's auch Gottes Zeichen trug?

— — — — — — — —
— — — — — — — —
— — — — — — — —
— — — — — — — —

O, so stürz denn ganz zusammen!
Und ihr andern stürzet nach!
Decket, Erde, Fluten, Flammen,
Ihre Größe, ihre Schmach!
Hauch ihn aus, den letzten Odem,
Riesige Vergangenheit!
Flach dahin, auf flachem Boden
Geht die neue flache Zeit!

Der Verleger Wallishausen widmete nun das Taschen=
buch der Kronprinzessin von Bayern; der Kronprinz las
das Gedicht und fand sich von ihm in seinen religiösen
Gefühlen tief verletzt. Er ließ darüber an den öster=
reichischen Hof berichten, und nun erhob sich in Wien
ein Sturm der Entrüstung gegen den armen Grillparzer.
Vor allem wütete die Staatskanzlei, an ihrer Spitze der
Fürst Metternich in eigener Person, der doch selbst in
religiösen Fragen keineswegs engherzig dachte. Aus der
ganzen Auflage der Aglaja wurde der Druckbogen, auf
dem sich das verfehmte Gedicht befand, herausgerissen,
Grillparzer wurde für einen Ketzer erklärt, auf Befehl

des Kaisers wurde ihm vom Polizeiminister als dem
obersten Chef der Zensur ein Verweis erteilt: weil er
als Christ kein solches Gedicht hätte machen sollen, weil
er als K. K. Pensionär sich hätte in acht nehmen sollen
und weil er die Gnade gehabt, im Gefolge des Kaisers
in Italien zu reisen. Außerdem wurde ihm aufgetragen,
sich zu rechtfertigen. In einem ausführlichen Schreiben
an den Polizeiminister Grafen Sedlnitzky kam er diesem
Auftrage nach. Punkt für Punkt suchte er den Vorwurf
ketzerischer Gesinnung zu entkräften, und seine Verteidigung wird bisweilen zur Anklage. Niemand habe
das Gedicht ohne Prävention gelesen, sagt er. „Ehe es
noch erschien, ehe sich noch jemand durch den Augenschein
vom Gegenteil überzeugen konnte, hatten scheelsüchtige,
hämische Menschen, die sich vielleicht nur darum so gern
mit dem Mantel der Religion bedecken, weil sie viel
zu bedecken haben; Eiferer, deren Eifer erst dann klar
werden wird, wenn es das geworden ist, was sie dadurch
erreichen wollen — diese Menschen haben von allen Seiten
Geschrei erhoben. Gerade die Gutgesinnten waren am
wenigsten unbefangen, denn das Ärgernis war einmal
gegeben; ob durch das Gedicht v e r u r s a c h t , oder dadurch v e r a n l a ß t, gleichviel, es war da.“ Diese scharfen Worte zielten nach hohen Stellen der österreichischen
Büreaukratie; denn daß der bayrische Kronprinz zu der
Verfolgung den Anstoß gegeben, davon hatte Grillparzer
damals keine Ahnung.

Die Sache war mit der schriftlichen Rechtfertigung
wohl fürs erste abgetan, aber die Folgen bekam Grillparzer noch Jahre hindurch bitter zu spüren. Vor allem
war er in den vornehmen Kreisen geächtet, er, der treueste,
loyalste Untertan zählte nun zu den anrüchigen Personen.
Die aristokratische Gesellschaft, die ihn eben noch prote-

giert hatte, ließ ihn fallen; ja, sie stellte sich ihm feindlich
gegenüber. Kein Zweifel, daß dies den äußeren Erfolg
seiner dichterischen Tätigkeit schwer beeinträchtigte. Aber
auch in seiner Beamtenlaufbahn wurden ihm Schwierig=
keiten in den Weg gelegt. Noch zweimal, da er sich um
eine „wirkliche" Konzipistenstelle bewarb, zog man ihm
jüngere Kollegen vor. Wohl blieb ihm Graf Stadion
treu, allein seine Empfehlung half nichts; denn er hatte
die Hofkammer in ihrer inneren Organisation unabhängig
gemacht, und um ihre Selbständigkeit zu beweisen, über=
ging sie regelmäßig den von Stadion empfohlenen Grill=
parzer. Der Kaiser selbst schlug diesem eine Skriptorstelle
in der Hofbibliothek ab; zwar, meinte er, sei er wohl
tauglich dazu, wenn er nur die Geschichte mit dem Papst
nicht gehabt hätte! Im Laufe der Zeit war also aus
dem harmlosen Gedichte ein Angriff auf den Papst ge=
worden! Die Misere fand erst nach etlichen Jahren ein
Ende, als Graf Stadion den Dichter in das Finanz=
ministerium selbst übernahm, wo eben eine Konzipisten=
stelle erledigt war. Bis dahin aber lebte Grillparzer in
beständiger Fehde mit seiner vorgesetzten Behörde. Er
wird zurückgesetzt, schmollt, verlangt Urlaub, bekommt ihn,
überschreitet ihn, wird energisch aufgefordert, sich zu recht=
fertigen, tut dies in äußerst gereizten Worten, indem er
sich auf seine literarischen Verdienste beruft, und kehrt
endlich verdrossen in sein Büreau zurück. Aber bald
geht das Spiel von vorne an. Er ist mehr auf Urlaub
als im Amte, und es wirkt fast ergötzlich, zu sehen, wie
man dies die längste Zeit hingehen läßt, nur weil man
ihn nicht befördern will. — —

Als Grillparzer, von Italien heimgekehrt, endlich
wieder Muße fand, die Arbeit am Goldenen Vlies aufzu=
nehmen, mußte er zu seinem Schrecken gewahren, daß

Anlage und Einzelheiten der Trilogie, vor der Abreise gründlich durchdacht und fertig geplant, nun seinem Gedächtnisse völlig entschwunden waren. Schon verzweifelte er daran, das Werk je vollenden zu können, da half wunderbarerweise die Musik nach. Er hatte während seines Aufenthaltes in Baden mit seiner Mutter Symphonien von Haydn, Mozart und Beethoven vierhändig gespielt, wobei er in Gedanken unablässig mit dem Goldenen Vlies beschäftigt war. Als er jetzt diese Kompositionen zufällig wieder spielte — seine Partnerin war die Tochter der Schriftstellerin Karoline Pichler —, da kehrten Gedanken und Stimmungen jener Tage zurück, der Plan des Ganzen, Szene um Szene, wurde ihm wieder lebendig.

Eifrig nützte er dieses Geschenk des Zufalls, und alle Verdrießlichkeiten, denen er gerade damals ausgesetzt war, vermochten nicht, sein rüstiges Schaffen zu beeinträchtigen. So entstand das Lied Kreusens im Vorzimmer des Polizeipräsidenten, während Grillparzer einer stürmischen Audienz harrte. In der kurzen Zeit vom 2. November 1819 bis zum 20. Januar 1820 wurde der Rest der Trilogie vollendet. Die Aufführung allerdings verzögerte sich um mehr als Jahresfrist; sie fand erst am 26. und 27. März 1821 statt.

In der „Ahnfrau" hat sich Grillparzer an einem Stoffe versucht, der in seiner dunklen Phantastik von der Vorstellungswelt der Romantiker, zu denen sich der Dichter sonst in schroffen Gegensatz stellte, nicht allzu weit entfernt war; die „Sappho" dagegen ging eingestandenermaßen auf das Vorbild Goethes zurück. So wenig diese Dramen als wirkliche Nachahmungen anzusehen sind, so deutlich sich in ihnen das besondere Talent Grillparzers ankündigt, eine gewisse Abhängigkeit verraten sie immer-

hin, und das Eigentümlichste des Dichters kommt in
ihnen nicht scharf genug zum Durchbruche; er ist darin
noch nicht ganz er selbst. Der Mangel an Klarheit und
Bestimmtheit, wie er die Romantik charakterisiert, wider=
sprach seinem strengen Formensinn, der ihn an die Plastik
der Darstellung die höchsten Anforderungen stellen ließ.
Das in Iphigenie und Tasso gegebene Vorbild dagegen
verwies auf eine allzu große Ruhe und Beherrschung —
eine Beherrschung, die um der schönen, großen Form
willen in letzter Folge zu einem bedenklichen Verzicht
auf den lebendigen Reiz des Details führen mußte.

Völlig bewußt suchte Grillparzer im „Goldenen
Vlies" diese beiden Stilgattungen zu vereinigen. Er tat
dies eigentümlich genug, indem er zwei Kulturen gegen=
einander ausspielte, ein Kontrast, aus dem er schon früher
gelegentlich dramatische Wirkungen zu ziehen versuchte,
wie er auch später noch darauf zurückkam. Die Barbarin
Medea und die Kolcher sind die Träger des romantischen
Prinzips, in Jason und den Griechen verkörpert sich die
dem Gesetz der Schönheit gehorchende Bildung. Dem=
entsprechend sollten die „Argonauten" abenteuerlich,
ritterlich, romantisch gehalten werden, die „Medea" ab=
geklärt, hellenisch=klassisch. Auf diesen Gegensatz hat Grill=
parzer seine ganze Kunst gestellt, und fast mit der eigen=
sinnigen Freude des Virtuosen suchte er ihn herauszu=
arbeiten. Überwältigend kommt er in der ersten Szene
des zweiten Aktes von „Medea" zum Ausdrucke. Kreusa,
die liebliche, ein Wesen, ganz erfüllt von der Feinheit und
Anmut griechischen Wesens, sucht die rauhe Medea in
Saitenspiel und Gesang zu unterrichten; sie will sie
Jasons Lieblingslied lehren.

Kreusa: Hier diese Saite nimm, die zweite, diese!
Medea: So also?

8*

Kreuſa: Nein. Die Finger mehr gelöſt.
Medea: Es geht nicht.
Kreuſa: Wohl, wenn du's nur ernſtlich nimmſt.
Medea: Ich nehm' es ernſtlich, doch es geht nicht.
                    (Sie legt die Laute weg und ſteht auf.)
                Nur an den Wurfſpieß iſt die Hand gewöhnt,
                Nur an des Waidwerks ernſtlich rauh Geſchäft.
                    (Ihre rechte Hand bis dicht vor die Augen hebend)
                Daß ich ſie ſtrafen könnte, dieſe Finger, ſtrafen

In ſolchen Gegenüberſtellungen iſt der Dichter unermüd=
lich und unerſchöpflich. Selbſt in der Sprache ſucht er
den Widerſtreit zwiſchen der barbariſch=romantiſchen und
griechiſch=klaſſiſchen Welt anzudeuten: die Kolcher ſprechen
vorwiegend in freien, lebhaft bewegten Rhythmen, die
Griechen dagegen bedienen ſich meiſt des ruhig dahin=
gleitenden Quinars. Immerhin kam es im „Goldenen
Blies“ nur zu einer äußerlichen Vereinigung roman=
tiſchen und klaſſiſchen Weſens; eine Verſchmelzung beider
gelang Grillparzer erſt ſpäter, vor allem in „Des Meeres
und der Liebe Wellen“.

Wie die „Ahnfrau“, verrät auch das „Goldene Blies“
ſeinen Zuſammenhang mit der Wiener Volksbühne. Hier
hat die Luſt am phantaſtiſchen Zauberſpuk ihre Wurzel,
und eine Szene wie die im vierten Akte der Argonauten
— die Drachenhöhle mit den ſeltſamen Beleuchtungs=
effekten — mag Grillparzer in ähnlicher Weiſe im
Leopoldſtädter Theater geſehen haben. Aber reiner als
in der Ahnfrau iſt in der Trilogie die Entwicklung aus
dem Allgemein=Menſchlichen abgeleitet. Das goldene
Widderfell iſt nach Grillparzers Abſicht nicht mehr als
ein ſichtbares Zeichen für das Schillerſche Wort vom
Fluch der böſen Tat, die fortzeugend Böſes muß gebären.
Es begleitet die Vorgänge, ohne ſie zu bewirken.
Trefflich vergleicht es der Dichter einmal mit dem

Nibelungenhort; es ist ein Symbol für alles, was das Begehren des Menschen reizt: Besitz und Ruhm. Keine der Personen ist von Anfang an schlecht oder will etwas Schlechtes; aber daß sie über die ihnen gesteckten Grenzen hinausstreben, verstrickt sie in Schuld. Der erste Schritt, kaum beachtet, führt unaufhaltsam dem Abgrunde zu. Nicht uneben hat man das „Goldene Vlies" die Tragödie des Willens genannt; sie zeigt den Menschen in seiner Abhängigkeit von seinen Taten. Es gibt kaum ein anderes Drama, in dem die Charaktere eine so gewaltige Entwicklung durchmachen wie in Grillparzers Trilogie. Jason und Medea sind zum Schlusse das Gegenteil dessen, was sie ursprünglich waren, ihr anfänglich reiner Wille hat sich unheilvoll gewandelt, weil er auf die Erreichung eines Äußeren, nicht auf die Bewahrung des eigenen Selbst gerichtet war. Das Bekenntnis Jasons im zweiten Akte der Medea bildet gleichsam den Kern der Trilogie.

> Es ist des Unglücks eigentlichstes Unglück,
> Daß selten drin ein Mensch sich rein bewahrt.
> Hier gilt's zu lenken, dort zu biegen, beugen,
> Hier rückt das Recht ein Haar und dort ein Gran,
> Und an dem Ziel der Bahn steht man ein andrer,
> Als der man war, da man den Lauf begann;
> Und dem Verlust der Achtung dieser Welt
> Fehlt noch der einz'ge Trost, die eig'ne Achtung.
> Ich habe nichts getan, was schlimm an sich,
> Doch viel gewollt, gemocht, gewünscht, getrachtet;
> Still zugesehen, wie es andre taten;
> Hier Übles nicht gewollt, doch zugegriffen
> Und nicht bedacht, daß Übles sich erzeuge;
> Und jetzt steh' ich, vom Unheilsmeer umbrandet,
> Und kann nicht sagen: Ich hab's nicht getan!

Das gewaltige Drama klingt aber in die bitteren Worte aus:

Was ist der Erde Glück? — Ein Schatten!
Was ist der Erde Ruhm? — Ein Traum!

Es ist das dieselbe Stimmung, der der Dichter weit später in dem Gedichte „Entsagung" Ausdruck gab:

Eins ist, was altersgraue Zeiten lehren,
Und lehrt der Morgen, der erst heut' getagt;
Des Menschen ew'ges Schicksal heißt entbehren,
Und kein Genuß, als den du dir versagt.
— — — — — — —
— — — — — — — —
All' was du hältst, davon bist du gehalten,
Und wo du herrschest, bist zugleich du Knecht.
— — — — — — —
— — — — — — — — —
Nur was du abweist, kann dir wiederkehren;
Nur was du denkst, ist dein; denn du bist's, es ist du;
Drum laßt gefaßt ein Außres uns entbehren:
In Selbstbewahrung liegt zuletzt die Ruh.

Eine Beichte im Goetheschen Sinne ist denn auch das „Goldene Vlies", und wie in die anderen Dramen Grillparzers ist auch in die Trilogie viel Persönliches mit eingeflossen. Wir wissen, daß eine leidenschaftlich geliebte Frau Medea ihre Züge geborgt; auch in der freundlichen Lichtgestalt Kreusa dürfen wir ein freies Abbild der Wirklichkeit vermuten. Vor allem aber trägt Jason deutlich erkennbar manche Charakterzüge des Dichters. Die Schilderung, die Medea von ihm entwirft:

„Nur er ift da, er in der weiten Welt,
Und alles andre nichts als Stoff zu Taten.
Voll Selbftheit, nicht des Nutzens, doch des Sinns,
Spielt er mit seinem und der andern Glück —"

ftimmt zum Teile wörtlich mit dem, was Grillparzer als
eine schmerzliche Erkenntnis seiner selbst dem verschwie=
genen Tagebuche vertraut. Wie Jason vermag er wohl
Frauen heftig zu entflammen, aber nicht dauernd zu be=
glücken; die unbeugsame Selbftheit seiner Natur verhindert
ihn, sich anzuschließen, und wie für Jason „alles andre"
nur Stoff zu Taten ift, so ift es für ihn nur Stoff zur
Dichtung.

Schreyvogel hatte an dem Erfolg des „Goldenen
Bliefes" gezweifelt; er sollte recht behalten. Die Auf=
nahme war achtungsvoll, aber lau, und die zweite Vor=
ftellung, die als Autorenbenefiz gegeben wurde, fand vor
leeren Logen und halbbesetztem Parterre ftatt. Grill=
parzer war tief gekränkt, daß seine Wiener sich so wenig
aus ihm machten.

Das „Goldene Blies" war übrigens das letzte Stück
Grillparzers, das unter dem Grafen Stadion als dem
oberften Chef des Burgtheaters aufgeführt wurde. Dieser
dem Dichter so wohlgesinnte Mann trat schon im April
1821 von der Leitung der Hofbühne zurück; ihm folgte
im Amte Graf Moritz Dietrichstein, der 1826 vom Grafen
Czernin abgelöst wurde. Weit entfernt, dem Grafen
Stadion an Bildung und Einsicht zu gleichen, ließen es
diese beiden Aristokraten — besonders Czernin — Grill=
parzer gegenüber an hämischen Anfeindungen nicht fehlen,
wogegen ihn Schreyvogel, der selbft unter ihrem Miß=
wollen zu leiden hatte, nicht immer in Schutz nehmen
konnte. So verschlechterte sich sein Verhältnis zum Burg=
theater in bedauerlicher Weise. Auch ging sein Vertrag

als bestallter dramatischer Dichter dieser Bühne am 30. April 1823 zu Ende.

Dafür trat allerdings in seiner amtlichen Stellung eine erwünschte Besserung ein, als er, wie schon erwähnt, 1823 ins Finanzministerium berufen wurde. Graf Stadion teilte ihm einen Posten in seiner unmittelbaren Nähe zu. Grillparzer jedoch, dem alle Freude an dem Amte gründlich verdorben war, erwies sich lässig. Auch verdroß es ihn, daß er den Minister über den Sommer nach Schloß Jamniß in Mähren zu begleiten hatte, wo er an dem geselligen Verkehr der gräflichen Familie teilnehmen mußte. Obwohl auf das liebenswürdigste behandelt, klagte er in seinen Briefen fortwährend über die Qual, die ihm dieser Verkehr verursache. „Da ich eigentlich nur die unterhalten kann, die mich unterhalten,“ schreibt er, „und der Respekt wie jeder Zwang mich in üble Laune versetzt, so sind die armen Leute in meiner Gesellschaft wirklich zu bedauern, und meine einzige Hoffnung ist, daß ich die gegenwärtige Gelegenheit benutzen will, mich ihnen so unangenehm zu machen, daß man mich für ein nächstes Mal der Begleitung wohl ganz überhebt.“

Fast scheint es, daß ihm gelungen ist, was er so eifrig erstrebte, und als Graf Stadion 1824 starb, sah er sich im Amt um nichts gefördert. Es geschah also wohl nicht ohne seine Schuld, daß er zeitlebens, wie er mürrisch sagt, „in den minderen Bezirken des Dienstes festgehalten wurde“.

VII

Liebeswirren

Zu all den Mißlichkeiten, die in den Jahren nach dem Erscheinen der „Sappho" Grillparzer in seiner künstlerischen Arbeit verwirrten und hemmten, kamen noch etliche aufregende Herzenserlebnisse. Von Schreyvogel wissen wir schon, daß die Frauen Wiens für den jungen Dichter schwärmten. Eigentlich schön war er wohl nicht, aber eine träumerische Weichheit lag über seinen Zügen, die erst im Alter hart wurden, und seine seelenvollen, blauen Augen mochten für Frauenherzen wohl gefährlich sein. Karoline Pichler rühmt ihm ein schlichtes, ungemein gewinnendes Wesen nach, und ließ er gelegentlich seiner Laune die Zügel schießen, so nahmen auch das „die guten Weiber" geduldig hin. Es war nur ein Reiz mehr für sie.

Grillparzer, der von sich selbst sagt, sein Physisches ziehe ihn stark zum anderen Geschlechte hin, war gegen die Lockungen schöner Augen nicht unempfindlich; er ließ sich gerne huldigen und knüpfte manches Band, von denen nur freilich keines festhalten wollte. Von der leichtesten Tändelei bis zur heftigsten Leidenschaft schwanken seine Beziehungen zu den Frauen; nie aber hat er sich entschlossen, sich selbst aufzugeben, und dauernd vermochte ihn keine zu fesseln.

Eine flüchtige Neigung zog ihn zu Charlotte Pichler, dem anmutigen Töchterchen der Schriftstellerin. Ihr gelten die hübschen Gedichte „Frühlingsgedanken" und „Das Urbild und die Abbilder". Das bescheidene Mädchen scheint mehr als eine vorübergehende Schwärmerei für Grillparzer empfunden zu haben; er aber stellte vorsichtig seine Besuche ein, als er dies bemerkte.

Voll Anmut und natürlicher Unbefangenheit waren seine Beziehungen zu zwei Damen, die er bei seinem zweiten Aufenthalt in Gastein kennen lernte: Josephine von Verhovitz und Marie von Moro. Besonders die erstere, die Gattin des Appellationsrates von Verhovitz in Salzburg, scheint ihm sympathisch gewesen zu sein. Ihr gilt der „Abschied", dessen fünfte Strophe lautet:

> „O Frau! Du warest Mutter mir
> — Die meine schlummert tief —
> Dein mahnend Wort kam wie von ihr,
> Dein Ruf war, wie sie rief."

In der Tat scheint ihre freundliche Art ihn über grämliche Stimmungen sanft hinweggeführt und ihm neuen Lebensmut gegeben zu haben. In ihren Briefen an ihn greift sie das Wort aus seinem Gedichte auf, sie bemuttert ihn auf jede mögliche Weise und nennt ihn ihren lieben Sohn. Aber die Frau war nur drei Jahre älter als Grillparzer, und bei allem mütterlichen Getue fließt manchmal doch auch ein Wort mit ein, durch das sich ein anderes, weniger abgeklärtes Gefühl leise verrät. Weil aber alles in den Grenzen zartester Andeutung bleibt und eine tiefere Neigung nur gerade durchschimmert, darum ist dieses Verhältnis so reizvoll, so schön und rein.

An Frau von Verhovitz und Frau von Moro ist das launige „Sendschreiben" vom 8. August 1820 gerichtet. Grillparzer war nach der Abreise der beiden Damen mit Ladislaus Pyrker und dem bayrischen Grena=dier=Gardehauptmann von Fritsch in Gastein zurück=geblieben. Er schildert die grämlichen Gesichter, die im Wildbad zu sehen sind, „seit ihr mit euch das Schönste weggeführt". Er schildert, wie der Himmel sich mit schwarzem Flor behängt, wie der Wasserfall, der ihn im irrigen Verdacht habe, „daß eine andre Frau noch außer euch mir teuer", bei stiller Nacht wütend an sein Gemach poche, wie sich die Ordnung der Natur verkehrt habe, und selbst bei Tische nichts an seiner Stelle sei, kein Bissen schmecke — kurz:

> „Gastein ist nur ein großer Sarg,
> Es klagt der Held, es klagt der Sänger
> Um euch je länger, desto bänger,
> Trotz seines Cölibats der Patriarch.
> Nichts kann uns Trost, Ersatz uns geben,
> Lehrt's doch die Welt, das ganze Dasein so,
> Daß, wo die Charis und die Kunst entfloh,
> Nichts Wünschenswertes mehr sich zeigt im Leben."

Tiefer verstrickte ihn die Neigung zu Charlotte Paum=garten, der Gattin seines Freundes und Vetters. Am 15. Januar 1818 hatte er den Neuvermählten ins Stamm=buch geschrieben:

> Amor würfelt einst mit Hymen,
> Und der kleine Gott der Liebe,
> Schielend listig durch die Binde,
> Wirft beständig hohe Zahlen:
> Vier und fünf und fünf und sechs,
> Halb zu viel, halb nicht genug,

Niemals Paar, troß Lift und Trug
Da greift Hymen zu den Würfeln
Und wirft hoch nicht, aber gleich:
Eins und eins. — Ein Jubelschrei!
Glück und Paar liegt in der Zwei.

Er ahnte nicht, daß Amor troß allem die Partie ge=
winnen sollte. Charlotte, eine schöne, heißblütige und
kokette Frau, schwärmte gleich so vielen für den gefeierten
Dichter. Daß sie durch die Verwandtschaft auf eine ge=
wisse Vertraulichkeit Anspruch hatte, mochte sie reizen,
und sie ließ es an aufmunterndem Entgegenkommen nicht
fehlen — zuerst, wie wir glauben dürfen, in aller Harm=
losigkeit, bald aber von einer ungeahnten Leidenschaft
übermächtigt. Grillparzer, der, wie Laube sagt, „in diesem
Betracht“ überhaupt kein Heiliger war, erlag der Lockung;
an der Leidenschaft Charlottens entzündete sich sein Herz.
Wieder wie einst als Jüngling schüttelte ihn das Liebes=
fieber und raste in seinem Gebein. Er kämpfte einen
schweren Kampf zwischen heißem Begehren und Pflicht.
Aber zu groß war die Versuchung. Eine Tagebuchnotiz
besagt kurz und trocken, daß das Verhältnis seinen
platonischen Charakter verändert habe. Bald aber er=
folgt der Rückschlag, der bei Grillparzer nie ausblieb.
Zwar werden nach der italienischen Reise die Beziehungen
neu geknüpft, aber die Glut ist erloschen, sie läßt sich
nicht wieder entfachen. Der Dichter klagt sich in seinen
Tagebüchern der Treulosigkeit an; doch kann er nicht
vermeiden, daß ihn nun abstößt, was ihn einst so heftig
angezogen. In dem schmerzlichen Gedichte „Bann“
spricht er ein tiefes Geheimnis seiner Seele aus. Die
Geliebte habe in ihm keinen freien Mann umschlungen,
sein ganzes Wesen sei der Kunst dahingegeben, und dem

Genüsse alles Wirklichen habe er um den holden Schein
entsagt. Die Fürstin aber, „der die Welt zu eigen,
der alles huldigt, was da lebt“, die Göttin der Liebe
habe ihn darum verflucht.

> „Er peitsche rastlos dich durchs Leben
> Der wilde Dämon Phantasie!
> — — — — — — —

> Verdammet, Schatten nachzujagen,
> Buhl doch um Augenblickes Kuß;
> Es fehle Kraft dir zum Entsagen
> Und Selbstbegrenzung im Genuß.
>
> — — — — — — —

> Die dich liebt, flieh; die du begehret,
> Sie schaudere zurück vor dir,
> Und sagt sie: Ja, hat sie gewähret,
> So töt' ihr Ja dir die Begier!
> — — — — — — —

> Zieh' hin, um all dein Glück betrogen,
> Und buhl um meiner Schwester Gunst,
> Sieh, was das Leben dir entzogen,
> Ob dir's ersetzen kann die Kunst!“

So erfolgte denn der Bruch. Das „Ja“ hatte die Leidenschaft getötet, die Phantasie lockte nach anderen Gestalten.
Zu Beginn des Jahres 1821 scheint die Trennung, schon
lange vorbereitet, endlich vollzogen worden zu sein.
Treuer als Grillparzer war Charlotte; sie konnte ihre
Leidenschaft nicht überwinden. Im September 1827 verfiel sie in eine Krankheit, von der sie sich nicht mehr
erholen sollte. Als sie am Tode lag, ließ sie Grillparzer rufen. In einem Augenblicke, da niemand sonst

im Zimmer war, erinnerte sie ihn an seine Liebe und klagte, wie bitter sie deren Verlust geschmerzt. „Ich möchte lieber nicht leben, als der Verursacher eines solchen Zustandes sein," sagte sie mit hartem Vorwurf. All das griff aber den Dichter nicht sonderlich an; er empfand nur einen grimmigen Abscheu vor seiner Teilnahmslosigkeit. Allein bei der Nachricht von Charlottens Tod schreibt er in sein Tagebuch die bitteren Worte: „Ich habe sie verlassen, mißhandelt. Ich war vielleicht Miturfache ihres Todes . . . Der einzige poetische Punkt in ihrem Leben war diese Liebe — und sie starb daran." Und am selben Tage entwirft er die leidenschaftlich bewegten Strophen des ergreifenden Gedichtes „Verwandlungen".

Die Farbenpracht der Wiesen ist von Nacht verdeckt, das Eden sank zur Wüste ein, und die Stelle, wo das Haus stand, vermag der Dichter nicht zu finden.

Doch stand es einmal
So steht's wohl noch,
Harr du der Sonne,
Sie kommt wohl doch.

O wäre jeder,
Nur jeder Nacht
So nah und sicher,
Was hell sie macht!

Nur einmal zögert's,
Stellt sich nicht ein,
Das helle Frühlicht,
Der Sonnenschein.

Das ist am Morgen
Zu jener Frist,
Da nachts du vorher
Gestorben bist.

Eine rührende Episode in Grillparzers Beziehungen zu den Frauen knüpft sich an den Namen Marie Piquot. Es war dies die Tochter eines preußischen Legationsrates, in dessen gastfreundlichem Hause die Künstler- und Schriftstellerwelt Wiens häufig verkehrte. Auch Grillparzer zählte zu den Besuchern. Marie war nicht eigentlich schön, aber ein herrlicher Wuchs wurde ihr nachgerühmt, ihre feine Bildung bewundert. Der Dichter scheint ihrer kaum geachtet zu haben, um so heftiger entbrannte sie heimlich für ihn, und als sie erfuhr, daß sein Herz einer anderen gehöre, war es um die Freude ihres Lebens geschehen. Sie welkte dahin, eine Erkältung, die sie sich auf einem Balle bei Sonnleithner zugezogen, warf sie aufs Totenbett; am 12. März 1822 starb sie. In ihrem Testamente gestand sie das schmerzliche Geheimnis ihrer Seele, empfahl in rührenden Worten „ihren Tasso" den Eltern und bat sie, sich seiner anzunehmen und ihn wie einen Sohn zu behandeln. Nach Wochen erst erfuhr der Dichter von der gebeugten Mutter, wie sehr er geliebt worden sei. Er fand die Situation unerquicklich und mied das Haus. Für die arme Marie aber verfaßte er die kurze Grabschrift: „Jung ging sie aus der Welt; zwar ohne Genuß, dafür aber auch ohne Reue." Man hat diese Grabschrift kalt und mattherzig genannt; wer aber bedenkt, auf welch bittere Kämpfe der Dichter damals eben zurückschaute, in welchen Wirrungen er damals noch seine besten Kräfte verzehrte, der wird aus den kurzen Worten wohl das scheue, tiefschmerzliche Bekenntnis eigener Schuld heraushören.

Im Jahre 1821, als noch der Bruch mit Charlotte Paumgarten nicht erfolgt war, lernte Grillparzer ein Mädchen kennen, das tiefer und dauernder als irgend ein anderes weibliches Wesen in sein Leben eingreifen sollte: Kati, oder wie er selbst echt wienerisch zu schreiben pflegte, Katti Fröhlich. Sie war die zweitjüngste von vier Schwestern, alle vier durch Anmut und Begabung ausgezeichnet. Der Vater der Mädchen, ursprünglich für den gelehrten Beruf bestimmt, war Geschäftsmann geworden und hatte eine Weineinschlagfabrik in der Vor-

stadt Wieden besessen. Da er aber leichtsinnig wirt=
schaftete, wurde der Verdienst schmäler und schmäler, das
Geschäft ging endlich ein, und so mußten die heran=
gewachsenen Töchter für den Erwerb sorgen. Dieser Auf=
gabe unterzog sich vor allem Netti, die älteste. Sie war
eine Schülerin Hummels, eine vortreffliche Sängerin, und
1819 übernahm sie den Unterricht an der von der Gesell=
schaft der Musikfreunde gegründeten Gesangschule. Pepi,
die jüngste, ein Mädchen von rührender Schlichtheit und
Bescheidenheit, war wie Netti eine ausgezeichnete Sän=
gerin. Auf ihren Konzertreisen feierte sie reichliche
Triumphe. Weniger glückte ihr der Versuch, in der Oper
aufzutreten; ihrer schönen, wohllautenden Altstimme
scheint es an Kraft gefehlt zu haben. Betty, die zweit=
älteste, war derber, urwüchsiger geartet als ihre
Schwestern, aber gutmütig wie diese. Sie war ihres
Zeichens Malerin, und besonders in der Blumenmalerei
fand sie Anerkennung. An musikalischer Begabung stand
sie jedoch ihren Schwestern nicht nach; sie durfte sich's
zutrauen, für eine erkrankte Sängerin als Cherubin in
der „Hochzeit des Figaro" einzuspringen. Kati war wie
die schönste, so auch die leidenschaftlichste der vier
Schwestern; musikalisch wie sie, widmete sie sich doch
keinem Berufe. Wohl besaß sie eine besondere Begabung
für die Bühne, und die Schröder wollte sie zur Schau=
spielerin ausbilden. Es ward aber nichts daraus, vor
allem, weil Grillparzer entschieden dagegen war.

An ihrer Schulbildung trugen die Schwestern nicht
allzu schwer, aber was ihnen daran fehlte, das ersetzten
sie völlig durch ihren lebhaft entwickelten Kunstsinn, der
ihnen die Welt weiter aufschloß, als es die beste Schule
zu tun vermag, und der bewegte gesellige Verkehr, in
den sie gerade durch ihre künstlerischen Bestrebungen ein=

geführt wurden, vermittelte ihnen reichliche Aus= und
Einblicke ins Leben. Das Fröhlichsche Haus zählte zu den
theaterfreundlichsten Wiens; fast jeden Tag „war eine
Partie im Theater", und interessante Vorstellungen bil=
deten für viele Tage den Gesprächsstoff. Die Schwestern
versuchten sich auch selbst mit Glück in der Kunst der Dar=
stellung und waren als Mitwirkende an Liebhaber=
theatern sehr begehrt. Auch der bildenden Kunst galt
ihr Interesse; Betty betätigte es praktisch, die andern
empfangend und genießend. Manche Maler von Ruf
verkehrten in ihrem Hause; Daffinger war Bettys Lehrer,
Moritz Schwind fand sich häufig als gern gesehener Be=
sucher ein. Vor allem aber huldigten die „vier Grazien"
der Musik. Mit den Familien Sonnleithner, Kiesewetter,
Geymüller 2c. standen sie an der Spitze jenes edlen musika=
lischen Dilettantismus, der die großen Meister förderlich
umgab. Sie haben Schuberts Genie emporgetragen; für
sie hat er viele seiner schönsten Lieder komponiert, und
sie zuerst haben diese Lieder in privaten Zirkeln und
öffentlich gesungen. Bei alledem aber herrschte im Hause
Fröhlich nichts weniger als eine geniale Wirtschaft; im
Gegenteile: gut bürgerlich versorgten die Schwestern den
Haushalt, nähten ihre Kleider selbst und verschmähten es
nicht, höchst eigenhändig ihre Wäsche auszubessern. Es
entbehrt nicht einer gewissen altväterischen Anmut, zu
sehen, wie Pepi, vom Konzerte heimgekehrt und noch
umbraust vom Jubel des Beifalls, sich hinsetzt und ihre
Strümpfe stopft.

Grillparzer hat die Schwestern bei einem Abend=
konzerte im Salon Geymüller kennen gelernt. Die erste
Begegnung ging vorüber, ohne daß ihm Kati sonderlich
aufgefallen wäre, ja, durch ihr etwas ungebundenes Wesen
scheint sie ihn eher ein wenig verletzt zu haben. Aber

bei der zweiten Begegnung entzündet sie sein rasch empfängliches Herz. Schubert sitzt am Klavier und phantasiert; Kati hat neben ihm Platz genommen und hört gespannt zu. Ihr lebhaftes, seelenvolles Mienenspiel, der wechselnde Ausdruck ihrer himmlisch schönen, braunen Augen verrät die leidenschaftliche Bewegtheit ihres Gefühls. Der Dichter ist betroffen, entzückt. Er kann es kaum erwarten, daß Schubert endet. Sofort tritt er dann auf das Mädchen zu, wird freundlich begrüßt, ein eifriges Gespräch spinnt seine Fäden hinüber und herüber, und ein Herzensbund, der das Glück und die Qual von Grillparzers reiffsten Jahren ausmacht, ist geschlossen.

„Ist zwar, seit ich dich kenne,
Fast nur ein Augenblick,
Doch, wenn ich wert dich nenne,
Nehm' ich es nicht zurück.

Denn flüchtig, in Sekunden,
Trifft das Geschick:
Was Jahre nicht gefunden,
Gibt im Moment das Glück.

Zwar irb'scher Werke Meister
Webt lebenlang am Stück:
Für Herzen und für Geister
Regiert der Augenblick."

schreibt der Dichter am 6. März 1821 in Katis Stammbuch. Die liebliche Genreszene aber, die für ihn so bedeutsam wurde, hat er in dem wunderbaren Gedichte „Als sie zuhörend am Klavier saß" festgehalten. In einem Briefe an seinen alten Freund Altmütter beschreibt er Kati mit entzückten Worten. Er schildert, wie die Schwestern Fröhlich verspätet in den Salon eintreten, wie sich ihnen alles entgegendrängt. „Drei von ihnen kenne ich schon," fährt er fort, „aber wer ist jene vierte, in der Mitte der andern, über sie hervorragend an Gestalt und durch eine gewisse Sicherheit des Benehmens, in rotem Kleib, mit dem geringelten, schwarzbraunen Haar? Jene — mit den Augen hätte ich balb gesagt; denn es war, als hätte niemanb Augen als sie, unb als wäre sie selbst nur da in ihren Augen, so blitzten die dunkelbraunen Bälle, scharffassenb, leicht beweglich, alles bemerkenb, jedes Wort, jede Bewegung einträchtig begleitenb."

Tage des reinsten, reichsten Glückes beginnen für den Dichter. Ganz erfüllt ist er von dem Liebreiz des Mäbchens. Wo er geht, wo er steht, sieht er ihre Augen vor sich,

> „Dunkelhell,
> Blitzesschnell,
> Schimmernb wie Felsenquell,
> Schattenumkränzt."

Ihm geht's mit diesen lieben Augen wie mit der Sonne: wenn man in sie hineinschaut unb bann die Liber schließt, sieht man überall zwei Pünktlein vor sich. Unb diese Augen locken unwiberstehlich in die Nähe der Geliebten.

> „Abenbs, wenn's bämmert noch,
> Steig' ich vier Treppen hoch,
> Poch' ans Tor,
> Streckt sich ein Hälslein vor;
> Wangen runb,
> Purpurmunb,
> Nächtig Haar,
> Stirne klar,
> Drunter mein Augenpaar!"

Aber früh schon mischen sich in dieses stille, friebliche Glück mürrische Stimmungen. Wie Grillparzer gewöhnt ist, sich selbst grüblerisch zu beobachten, so übt er's auch seiner Kati gegenüber. Unb er sieht scharf, allzu scharf für einen beglückten Liebhaber. „Rousseaus Neigung zur

Lüge (Verlegenheits= und Ausschmückungslüge) ist jener Person auch nicht fremd," heißt es da einmal. Und ein andermal ruft er ärgerlich aus: „Solange sie auf der Welt ist, hat sie sich noch nie einfallen lassen, daß eine Sache zwei Seiten haben könne." Er rügt ihren Mangel an Weichheit und Nachgiebigkeit, und immer herber wird sein Urteil.

So verstören denn schon sehr bald allerhand böse Mißhelligkeiten das schöne Verhältnis. Gerade Katis Eigensinn, ihr leidenschaftlicher Trotz mag zu unerquick= lichen Auftritten geführt haben; eifersüchtiges Mißtrauen — wohl von beiden Seiten — kam hinzu. Schon das Tagebuch von 1821 verzeichnet einen „eifersüchtigen Zwist". Kati war ein Hitzkopf, Grillparzer hatte einen Zug von Pedanterie: nur zu leicht gab es da Zank und Streit. Das Gedicht „Gedanken am Fenster", 1822 in Grinzing entstanden, geht auf eine solche Szene zurück: der Dichter klagt sich an, daß er rauh und gefühllos den schönen Augen Katis Tränen erpreßt habe.

Er trug wohl überhaupt den größeren Teil der Schuld daran, daß sich so rasch schwere Zerwürfnisse einstellten. Seine unglückselige Natur war nicht dazu geschaffen, dauerndes Glück zu empfangen und zu gewähren. „Du verlangst von mir," heißt es in jenem Briefe an Alt= mütter, „ich soll sie Dir beschreiben, die ich liebe? Vor allem: die ich liebe, sagst Du? Wollte Gott, ich könnte sagen: ja! Wollte Gott, mein Wesen wäre fähig dieses rücksichtslosen Hingebens, dieses Selbstvergessens, dieses Anschließens, dieses Untergehens in einem geliebten Gegen= stand! Aber — ich weiß nicht, soll ich es höchste Selbst= heit nennen, wenn nicht noch schlimmer, oder ist es bloß die Folge eines unbegrenzten Strebens nach Kunst und was zur Kunst gehört, was mir alle andern Dinge aus

dem Auge rückt, daß ich sie wohl auf Augenblicke er=
greifen, nie aber lange festhalten kann. Mit einem Worte:
ich bin der Liebe nicht fähig. So sehr mich ein wertes
Wesen anziehen mag, so steht doch immer noch etwas
höher, und die Bewegungen dieses Etwas verschlingen alle
andern so ganz, daß nach einem Heute voll der glühendsten
Zärtlichkeit leicht — ohne Zwischenraum, ohne besondere
Ursache — ein Morgen denkbar ist der fremdesten Kälte,
des Vergessens, der Feindseligkeit möchte ich sagen. Ich
glaube bemerkt zu haben, daß ich in der Geliebten nur
das Bild liebe, das sich meine Phantasie von ihr gemacht
hat, so daß mir das Wirkliche zu einem Kunstgebilde wird,
das mich durch seine Übereinstimmung mit meinen Ge=
danken entzückt, bei der kleinsten Abweichung aber nur
um so heftiger zurückstößt. Kann man das Liebe nennen?
Bedaure mich und sie, die es wahrlich verdiente, wahrhaft
und um ihrer selbst willen geliebt zu werden.“

Und das steht in demselben Briefe, in dem Grill=
parzer, noch des frischen Eindrucks voll, die beglückende
Begegnung mit Kati schildert! Ein andermal klagt er
sich an, daß er in seiner Neigung zum Widerspruche der
Geliebten um so kälter begegne, je unbefangener sie ihn
die Wärme ihrer zärtlichen Empfindung fühlen lasse.
Wie oft, wie hart mag er die Arme verletzt haben! Und
das jähe Umspringen aus liebender Glut in beinahe feind=
selige Kälte zeigt er nur zu deutlich in den Briefen, die er
im Herbst 1823 aus Jamnitz an die Geliebte richtet.
Wendungen der schalkhaftesten, zartesten Anmut wechseln
mit einem trockenen, gelangweilten, ja mürrischen Ton;
das trauliche „Du“ wird immer wieder vom steifen „Sie“
verdrängt! Kati klagt einmal in rührenden Worten über
den Mangel an guten, lieben Worten, durch den ihr
die Briefe so wehe täten. Grillparzer antwortet, ein

gewiſſes Schamgefühl der Empfindung laſſe ihn kälter erſcheinen, als er ſei.

Immerhin bedeutet gerade das Jahr 1823 den Höhe= punkt des Verhältniſſes zwiſchen Grillparzer und Katha= rina. Die Vermählung war ſchon beſchloſſen, die Möbel gekauft, alles geordnet; da brach wieder ein Zwiſt aus, und die Heirat wurde rückgängig gemacht.

So ſchleppte ſich das Verhältnis zwiſchen Zank und Verſöhnung unerquicklich hin. Grillparzer litt darunter nicht minder als Kati. „Am Ende war es doch mein grillenhaft beobachteter Vorſatz, das Mädchen n i c h t zu genießen, was mich in dieſen kläglichen Zuſtand verſetzt hat,“ ſchreibt er im Mai 1826 in ſein Tagebuch. „... So kämpfte ich mich ab gegen die faſt immerwährende Auf= regung, und der ſchwüle Odem, der aus meinem Weſen auf die Unſchuldsvolle überging, ſetzte auch ſie, unbewußt, in Bewegung, und brachte endlich bei ihr alle Wirkungen der unbefriedigten Geſchlechtsliebe hervor. Sie ward arg= wöhniſch, heftig, zänkiſch ſogar, und ſo ward dieſes Ver= hältnis uns auch in ſeinen geiſtigen Beſtandteilen geſtört, die es ſo fabelhaft ſchön gemacht hatten.“

Im Innerſten guten Willens, fühlte er ſich doch furchtbar ſchuldig und verzehrte ſich darin, Erklärungen für das Verhängnis zu ſuchen, das zweier Menſchen Glück zerſtört hatte. Ergreifend iſt ſeine Klage in der Elegie „J u g e n d e r i n n e r u n g e n i m G r ü n e n“.

> „Da fand ich ſie, die nimmer mir entſchwinden,
> Sich mir erſetzen wird im Leben nie.
> Ich glaubte, meine Seligkeit zu finden,
> Und mein geheimſtes Weſen rief: nur ſie!
>
> Gefühl, das ſich in Herzenswärme ſonnte,
> Verſtand, wenngleich von Güte überragt;

Ans Märchen grenzt, was sie für andre konnte,
An Heil'genschein, was sie sich selbst versagt.

— — — — — — — — — — — —

Im Glutumfassen stürzten wir zusammen,
Ein jeder Schlag gab Funken und gab Licht;
Doch unzerstörbar fanden uns die Flammen,
Wir glühten — aber, ach, wir schmolzen nicht.

Denn Hälften kann man aneinander passen,
Ich war ein Ganzes und auch sie war ganz,
Sie wollte gern ihr tiefstes Wesen lassen,
Doch allzu fest geschlungen war der Kranz.

So standen beide, suchten sich zu einen,
Das andre aufzunehmen ganz in sich;
Doch all umsonst, trotz Ringen, Stürmen, Weinen,
Sie blieb ein Weib, und ich war immer ich!"

In dem Gedicht „Incubus" — 1821, also drei Jahre
vor den „Jugenderinnerungen" entstanden — deckt er
eine andere Quelle der unseligen Zerwürfnisse auf. Un=
fried nennt er den Geist, der ihn beherrscht, und der läßt
ihn an der Geliebten zweifeln. Mit schwerer Schuld
beladen ist er ihr genaht; den Freund hat er betrogen,
ihm die Gattin geraubt, auch diese wieder verlassen: — wie
vermag er noch der Unschuldsvollen zu glauben und zu
trauen?

So qualvoll ringt Grillparzer und so ohne Schonung
seiner selbst nach der Erkenntnis der herben Wahrheit.
Aber den eigentlichen Grund, warum sein und Katis
Glück zu Trümmern gehen mußten, enthüllt er mit all
seinen Geständnissen wohl kaum. Nicht der Egoismus
des Künstlers, der in dem Leben nur Stoff für seine Kunst
erblickt, nicht die Abgeschlossenheit der Naturen haben

ben Bund zerſtört; das alles hätte ſich überwinden laſſen. Allein ein anderes ſtellte ſich unüberwindlich entgegen: der ſchwere Mangel in Grillparzers ſeeliſcher Anlage, der ihn immer und überall zwang, aufzugeben, was er gewonnen hatte. Nur in den Augenblicken der Ekſtaſe iſt Grillparzer ganz er ſelbſt; in der Ekſtaſe ſchafft er Meiſterliches, in der Ekſtaſe fühlt er das berauſchende Glück der Liebe. Aber dem ungeheuren Aufſchwung der Kräfte folgt immer wieder der tiefſte Zerfall. Was der Augenblick gegeben, geht mit dem Augenblick dahin, was eine Einheit war, zerſplittert ſich unheilvoll, und alle die wirren Regungen der Seele, die ein glücklicher Moment zum Ganzen ſchloß, ſtreiten nun mürriſch und eiferſüchtig miteinander. Grillparzer ſteht ſeiner Dichtung nicht anders gegenüber, als der Geliebten. Voll Begeiſterung im Schaffen, voll Glut im Werben, ſtößt er das vollendete Werk ebenſo unwillig, ebenſo feindſelig von ſich wie die Geliebte, deren Ja er gewonnen. Nur hie und da, wenn Mißgunſt ſein Werk verunglimpft, wenn er die Geliebte zu verlieren fürchtet, erinnert er ſich wieder des Beſitzes, wacht die alte Liebe auf.

In martervoller Unentſchloſſenheit brachte Grillparzer lange Jahre hin. Die Liebe zu Kati war erloſchen, aber er hatte doch nicht die Kraft, ſich loszuſagen. Wiederholt ſucht er ſich aufzuraffen und den Bruch herbeizuführen, aber da er ſieht, daß Kati darüber zugrunde geht, kehrt er reuig wieder zurück. Und nun beginnt das qualvolle Leben von vorne. Alles was er hört, ſieht und lieſt, bezieht Grillparzer auf ſein unſeliges Verhältnis. Mit Schaudern erfüllt ihn Benjamin Conſtants Roman „Adolphe“. Er ſieht darin ſein eigenes Leben widergeſpiegelt. Daß der Held, der längſt von ſeiner Liebe zurückgekommen, dennoch aus Mitleid den Schein

der Liebe aufrecht erhält, wird im Roman als Charakter=
losigkeit getadelt. Grillparzer widerspricht heftig.
„Schwachherzigkeit ist ein Fehler," sagt er, „Hartherzig=
keit keine Tugend." Und er meint: „Es gibt Tage,
wo der Mensch mit Recht die Entscheidung dem Gottes=
urteile der Zeit und der Begebenheiten überläßt." Diese
Worte erinnern, beiläufig gesagt, deutlich an jene, die
Rudolf II. in den Mund gelegt sind.

Im Jahre 1830 scheint es endlich völlig zum Bruche
zu kommen. Grillparzer schreibt einen bitterbösen Ab=
schiedsbrief. Kati ist vernichtet. Um Grillparzer zu
fliehen, um Trost zu finden, begleitet sie ihre Schwester
Pepi nach Mailand. Aber von dort schreibt sie rührende
Briefe voll hingebender Sorgfalt für den Ungetreuen,
Harten. Er ist ihr einziger Gedanke. Wie er sie auch
behandeln möge, schreibt sie, sie werde ihn nie vergessen:
„denn alles, was gut an mir ist, habe ich seinem Um=
gang zu danken". Sentimental ist sie bei alledem nicht.
Wenn sie sieht, wie die Glöckner in Mailand mit den
Füßen läuten, wobei sie die komischsten Bewegungen
machen, so kann sie sich halb zu Tode lachen. Aber
immer wieder kommt sie auf Grillparzer zurück. Ängstlich
bemüht sie sich, alles zu unterlassen, was ihm mißfallen
könnte, hausmütterlich fragt sie, ob seine Wäsche in Ord=
nung sei; ihr träumt, er sei krank geworden, und: „dar=
über wurde ich wach und bekam aber eine solche Sehn=
sucht, daß ich meinte ich müßte gleich zu Fuß nach Wien
laufen". So vieler Lieb' und Güte konnte auch Grill=
parzer nicht widerstehen, und der Trennung folgte wieder
die Versöhnung.

Die Qual dieser Jahre wurde dadurch noch verschärft,
daß der Dichter von einer neuen Leidenschaft gefangen
war. In Marie von Smoleniß trat ihm ein eigenartiges

Wesen, halb Kind, halb Dämon, entgegen. Die Beziehungen zu ihr scheinen 1825 begonnen zu haben. Der
Dichter, der ihr gegenüber wohnte, sah sie vom Fenster
aus; Marie, die seine Huldigungen bemerken mochte, war
nicht spröde, und bald muß sich ein intimes Liebesver-
hältnis angesponnen haben. Das Seltsame und Wider-
spruchsvolle in Mariens Wesen wirkte mit diabolischem
Reiz auf Grillparzer. Nach einer vorübergehenden Trennung kamen sich die beiden wieder nahe, als Marie 1827
den Maler Daffinger, einen Freund Grillparzers,
heiratete. Die Ehe war nicht glücklich, Daffinger war
ein roher, rücksichtsloser Patron. Wenn es heftige Auftritte setzte, holte Daffinger den Freund, damit der der
Frau den Standpunkt klar mache — derselben Frau, deren
Liebhaber er einst gewesen und vielleicht noch war! Die
unsägliche Falschheit dieses Verhältnisses marterte ihn,
aber Mariens Schönheit, ihr koketter Reiz fesselten ihn
unwiderstehlich. „Die Frau ist schön, schön, schön!"
schreibt er noch 1829 in sein Tagebuch. Das düstere
Gedicht „Verwünschung" verrät sein peinliches
Schwanken. Allmählich überwog doch der Abscheu, Grillparzer schüttelte die unwürdigen Ketten ab und kehrte als
ein wieder frei Gewordener zu seiner Kati zurück.

Sie zog ihn immer wieder an, sie, und mehr vielleicht noch der gesellig heitere Verein ihrer Schwestern.
Kati hätte er vielleicht entbehren können, ihre Schwestern
nicht. Ein Leben ohne diese wackeren Mädchen wäre
ihm auf die Dauer unmöglich gewesen. „Ich muß euch
alle lieben," sagt er einmal. In ihrer Mitte fand er
immer erquickliche Anregung, sie waren seine Lehr-
meisterinnen im Gesang, den er mit Eifer, wenn auch,
wie es scheint, nicht mit besonderem Erfolge pflegte, sie
spielten mit ihm Klavier, sie bereiteten ihm eine freund-

liche Stätte, wo er sich gemütlich seiner Art überlassen durfte. In seinen Beziehungen zu Kati trat denn auch mit den Jahren die erwünschte Beschwichtigung ein; in ruhiger, treuer Freundschaft lebten sie nebeneinander hin, liebevoller einander hingegeben als zur Zeit ihrer heftigsten Liebe. Nach dem Tode der Fröhlichschen Eltern — im Jahre 1849 — zog sich Grillparzer zu den Schwestern, der Alternde zu den Alternden. Schlimmes Gerede war nicht mehr zu fürchten, und der Dichter durfte nun die Freuden des Familienlebens kosten. Er fühlte sich wirklich als Glied der Familie und nahm an Freuden und Leiden innigen Anteil. Als Pepis Gatte, der Flötenvirtuose Bogner, gestorben war, nahm er sich des Sohnes Wilhelm als Vormund an. Väterlich sorgte er für den Knaben, den er herzlich liebte, er verzog und verhätschelte ihn ebenso wie die Tanten, und tief erschüttert stand er an dem Grabe des früh Verblichenen. Dafür wurde er von den Schwestern auf das sorgsamste und liebevollste betreut. Unermüdlich waren sie darin, ihm gute Stunden zu bereiten, und eifersüchtig wachten sie darüber, daß die Außenwelt ihn in seinem stillen Refugium nicht störe. Bauernfeld nannte sie launig die Grillparzen; sie mochten sich den gutmütigen Spott wohl gefallen lassen.

So endigte in einer elegisch angehauchten Idylle, was in stürmischer Leidenschaft begonnen wurde.

VIII

Vaterländische Dramen
Die Reise nach Deutschland

In der Zeit vor und nach Vollendung der Medea beschäftigte sich Grillparzer mit einer Menge dramatischer Pläne, über die uns Notizen und Fragmente Aufschluß geben. Schon 1818 lockte ihn F r i e d r i ch d e r S t r e i t = b a r e, und 1821 nahm er denselben Stoff wieder auf. Es ist nicht ohne Interesse zu sehen, wie er darin nach dem individuellen Gepräge des Wortes ringt, ohne es freilich immer zu finden. Mit besonderer Vorliebe ver= weilte er bei der Gestalt Frangipans, des ehrgeizigen Jünglings, der, obgleich ursprünglich gut und edel, doch dem schwärzesten Neid anheimfällt, weil er sich überall von Herzog Friedrich verdunkelt sieht und nicht Raum genug hat, sich frei zu entwickeln. Das Trauerspiel „D i e N a z a r ä e r", das Grillparzer im Jahre 1819 plant, sollte Judas in einem ähnlichen Verhältnisse zu Christus zeigen. Gleichfalls aus dem Jahre 1819 stammt der Entwurf zu einem B r u t u s. Brutus selbst und Sextus Tarquinius sollten dessen Helden sein, beide an Mut und an Tapferkeit gleich, aber Brutus fürs Recht, Tar= quinius für seinen Willen. Diesen Gegensatz hat der Dichter später wiederholt aufgegriffen, zunächst in seinem O t t o k a r. Gewaltig war der Zyklus „D i e l e t z t e n R ö m e r" gedacht, der mit „M a r i u s u n d S u l l a"

beginnen und mit „Octavianus Augustus" ab=
schließen sollte. „Marino Falieri" war durch
Byrons Vorbild angeregt, doch hätte Grillparzer, wie
seine Aufzeichnungen beweisen, die Charaktere weit leben=
diger darzustellen gewußt als der englische Dichter. Über=
wältigende dramatische Kraft verrät der Entwurf zu einem
Krösus (1822); besonders der Schluß mit seinem atem=
raubenden Vorwärtsdrängen und seinen furchtbaren Er=
schütterung hätte ausgeführt wohl zu dem Großartigsten
gezählt, was dem Dichter je gelungen. Versöhnlich sollte
das Stück ausklingen. „Er hat die Gefahr der Größe,
die Glückseligkeit des Privatlebens erkannt," heißt es von
Krösus. Nicht nur dieser Grundgedanke, auf den Grill=
parzer in Dramen und lyrischen Gedichten immer wieder
zurückkam, sondern auch manche Einzelheit wurde in das
Märchenspiel „Der Traum ein Leben" hinübergenom=
men; so z. B. die seltsame Szene, wie ein Stummer in der
übermenschlichen Aufregung eines entscheidenden Augen=
blicks zu sprechen beginnt. Höchst interessant ist der Plan
zu einer Tragödie „Der Purpurmantel", ein Plan,
der den Dichter von 1820 bis 1826 beschäftigte. Es
sollte das Trauerspiel des Ehrgeizes werden; Pausanias,
der Held, zeigt eine gewisse Verwandtschaft mit Jason
und Ottokar, in der prächtigen Verwendung des Symbols
gemahnt das Drama an das „Goldene Vlies", nur daß
die Symbolik des Purpurmantels deutlicher, anschaulicher
geworden wäre als die des Vlieses.

Die Schaffenskraft Grillparzers hielt auch noch in
den ersten zwanziger Jahren an, und selbst die Liebes=
wirren bewirkten — anfänglich wenigstens — keine Ab=
nahme. Es entstand das Opernbuch „Melusine",
„König Ottokars Glück und Ende" wurde ab=
geschlossen. Fast alle späteren Dramen — so Hero,

Esther, Libussa, Rudolf II. — wurden damals
schon geplant und genauer oder flüchtiger erwogen.

Die „Melusine" verdankte ihre Entstehung einer
Aufforderung Beethovens, der den Dichter durch den
Grafen Dietrichstein um einen Operntext ersuchen ließ.
Grillparzer hatte den Meister zum erstenmal im Jahre
1805 bei seinem Oheim Josef Sonnleithner gesehen, und
später war er mit ihm wiederholt in Berührung gekommen, so in Heiligenstadt, wo er mit seiner Mutter
über den Sommer dasselbe Landhaus bewohnte wie
Beethoven, ein andermal in Döbling, als er dort bei
seiner Großmutter zu Besuch weilte. Es versteht sich,
daß der Knabe und Jüngling keine Gelegenheit fand,
dem großen Manne näherzutreten, aber er hat ihn wohl
beobachtet, und in seinen Erinnerungen an Beethoven
verzeichnet Grillparzer manche Genreszene, die einen
köstlichen Beitrag zu der wunderlichen Menschlichkeit des
Tonheros bildet.

Beethovens Wunsch nach einem Opernbuche setzte
Grillparzer in einige Verlegenheit. Sein Ehrgeiz stand
nicht danach, Libretti zu verfassen, aber er verehrte den
Meister zu sehr, um ihm einen Wunsch abzuschlagen. Zunächst dachte er an den Drahomira-Stoff, aber sehr bald
ließ er den Plan fallen. Er glaubte an Beethoven eine
gewisse Neigung, sich ins Ungemessene zu verlieren, bemerkt zu haben, und war der Ansicht, diese, wie er meinte,
schädliche und unmusikalische Neigung müßte durch einen
dramatischen Vorgang, der ganz auf das Heroische und
Leidenschaftliche gestellt sei, noch gesteigert werden. So
wählte er denn mit voller Absicht das keineswegs aufregende Märchen von der Melusine. Aus der weichen
Lyrik verliebten Getändels rafft sich da nur vorüber-
gehend ein männlich-energischer Wille auf, und um dem

Meister den Weg ins Ungebundene zu verlegen, griff Grillparzer zu einer streng geschlossenen Form, die auch musikalisch binden mußte. Im Winter von 1822 auf 1823 entstand das Buch. Beethoven erklärte nach der ersten Lektüre, er sei davon gepackt worden; allein es zeigte sich bald, daß er sich darin geirrt habe. Der Entschluß des Grafen Raimund, sich aus den Fesseln einer verzehrenden Liebe zu befreien, mag seine musikalische Phantasie gereizt haben, aber dem Willen fehlte die Tat, und das Ganze war zu weich für seine herbe Größe. Es folgten nun Unterhandlungen zwischen Grillparzer und Beethoven, die eine Umgestaltung des Buches bezweckten, sie schleppten sich durch Jahre hin, Grillparzer war von äußerster Nachgiebigkeit, er erklärte sich zu jeder Änderung bereit, schlug andere Stoffe vor, rückte sogar mit der Drahomira heraus — allein all das führte zu keinem Ziel. Wenn aber diese Unterhandlungen auch ohne greifbares Ergebnis blieben, so brachten sie die beiden Männer doch freundschaftlich einander nahe und gaben Gelegenheit zur Aussprache über manches, was nicht unmittelbar mit dem Operntext zusammenhing. Der Kampf zwischen der italienischen und deutschen Oper, der eben damals in Wien mit großer Heftigkeit ausgefochten wurde, veranlaßte Erörterungen über das Wesen der Musik, die literarischen Zustände Österreichs wurden wiederholt besprochen, auch die Politik scheint sich mit eingemischt zu haben. „Wenn man wüßte, was Sie sich bei Ihren Kompositionen denken —!" ruft Grillparzer einmal aus. Seine Verehrung für Beethoven wuchs im persönlichen Verkehr mit ihm, und es ist wohl ein Irrtum, wenn behauptet wird, er habe die Größe dieses Genius nicht begriffen. Selbständig, wie er in allem war, wahrte er sich auch Beethoven gegenüber sein eigenes Urteil, und dessen

Neigung, über die Grenzen der strengen musikalischen
Form hinauszugehen, schien ihm gefährlich. Ein Werk,
wie die neunte Symphonie, mochte ihm in mancher Hinsicht Bedenken erregen, aber seine Größe hat er im tiefsten
Herzen gefühlt, und mit einer an Demut grenzenden
Bewunderung blickte er allzeit zu Beethoven, dem Gewaltigen, empor.

> „Ich sähe, glaubt ihr, auf Beethoven schief,
> Als ob zu meinem Ohr nicht seine Zauber reichten?
> Mir graut nur vor dem Wörtchen tief,
> Vor allem aus dem Mund der Seichten!"

sagt er selbst einmal. Und am Todestage Beethovens,
am 26. März 1827, hält er ihm einsam in seiner Stube
einen herrlichen Nachruf. Er schildert, wie Beethoven
in den Himmel eintritt, wie ihm die erdentnommenen
Großen entgegenkommen. Bach, der strenge, eingedenk
eines verletzten Gebotes, hebt mit lächelndem Drohen
den Finger, Gluck nickt ihm freundlich zu, Haydn um-
armt ihn, Händel drängt sich eifrig herzu, Mozart aber
heißt den Zweifelnden in diesem erlauchten Kreise willkommen.

> „Lernt von andern Fehler meiden,
> Großes schaffen lernt von uns.
> Denn selbst Gift, an rechter Stelle
> Wird der Heilung frohe Quelle.
>
> — — — — — — — —
>
> Wer auch Richter über dir?
> Starke Könige der Seelen,
> Lassen wir vom Volk uns wählen,
> Doch gewählt, gebieten wir;
> Und das Kunstwerk wie der Glauben,
> Ob man klügelt, was man lehrt,
> Läßt es sich kein Jota rauben,

Hat's durch Wunder sich bewährt.
Drum tritt ein, sei nicht beklommen!
Es ist dein, was du genommen,
Und dein Wagen ist dein Wert!"

Nun nahen auch die Dichter: Shakespeare, Lope de Vega,
Klopstock, Dante, Tasso, um Beethoven zu begrüßen.

"Einer nur steht noch im weiten,
Wartet, bis die Flut verrinnt;
Kommt jetzt näher, hinkt im Schreiten,
Kräftig sonst und hochgesinnt.
Byron ist's, der Feind der Knechte,
Mißt ihn jetzt mit stolzem Blick,
Beut ihm schüttelnd dann die Rechte,
Wirft das Auge scheu zurück:
,Bist du gerne im Gedränge?
Magst du gern bei vielen stehn?
Sieh dort dunkle Buchengänge,
Laß uns miteinander gehn!' "

Deutlich genug zeigt dieses Gedicht, wie tief Grillparzer
das Wesen Beethovens begriffen hat.

Dasselbe Jahr, in dem die wenig geglückte Melusine
entstand, brachte auch ein Meisterwerk, das erste vater=
ländische Drama des Dichters: „Ottokars Glück und
Ende".

Es ist kein Zweifel, daß die entscheidende Anregung
hierzu von Josef von Hormayr ausgegangen ist. Grill=
parzer zählte zwar keineswegs zu seinen Freunden, im
Gegenteile, er sprach sich sehr abfällig über ihn aus
und schalt ihn eigensüchtig, klatschend, charakterlos, ein
chamäleontisches Zwitterding. Aber der werbenden Kraft
dieses rastlos tätigen Mannes konnte er sich nicht ent=

ziehen. Mit einem an Fanatismus grenzenden Eifer
suchte Hormayr in seinen Zeit= und Landesgenossen, die
noch nicht vergessen hatten, daß sie erst vor kurzem noch
Bürger des heiligen römischen Reiches gewesen, das Gefühl
für einen spezifisch österreichischen Patriotismus zu wecken.
Das Mittel hierzu erblickte er vor allem in der Populari=
sierung der vaterländischen Geschichte durch Kunst und
Dichtung, und mit einem geradezu staunenswerten Fleiße
war er dafür publizistisch tätig. In seinem „Öster=
reichischen Plutarch" und in dem „Taschenbuch für vater=
ländische Geschichte" trug er ein schier endloses historisches
Material zusammen, aus dem Poeten und Maler An=
regungen für ihr Schaffen holen sollten. Das „Archiv
für Geographie, Historie, Staats= und Kriegskunst" war
der Sammelpunkt für die Produktionen österreichischer
Dichter und Geschichtsschreiber und unterstützte die Pro=
vinzialmuseen, die in fast allen Landeshauptstädten ge=
gründet wurden. Hormayr versuchte sich auch als Dichter;
seine beiden Dramen „Friedrich von Österreich" und
„Leopold der Schöne" wurden zwar im Burgtheater auf=
geführt, waren aber ohne jeden poetischen Gehalt. Er
selbst fällte über sie ein sehr bescheidenes Urteil. Was
er so eifrig mit der Feder verfocht, das suchte er auch
im persönlichen Umgange zu fördern. Besonders der
Salon der Karoline Pichler bot ihm Gelegenheit hierzu.
In Matthäus Collin, dem Erzieher des Herzogs von
Reichstadt, fand er einen willkommenen Bundesgenossen.

Seltsam genug bereitete man ihm „von oben herab"
allerhand Schwierigkeiten. Die jämmerliche Zensur suchte
ihm sein Wirken bisweilen recht sauer zu machen. Ein
harmloser Aufsatz über Philippine Welser wurde so be=
urteilt, „als handelte es sich jetzt noch darum, jene Miß=
heirat zu unterdrücken". Dazu kam, daß auch die Ge=

selligkeit unter dem Polizeisystem schwer zu leiden hatte. Das Naderertum drängte sich überall ein. „Man unterdrückt," schreibt Karoline Pichler an Streckfuß, „seine Gedanken, weil man nicht weiß, wer da vielleicht aufhorcht und beobachtet, und viele Menschen, besonders Männer, meiden deswegen die gemischten Gesellschaften, bleiben zu Hause, gehen ins Theater oder spielen Karten." Niemand war von vornherein unverdächtig, auch nicht der Bestgesinnte, wenn er nicht etwa selbst zur Zunft der Spitzel gehörte. Hormayr fühlte sich immer unbehaglicher, sein allerdings maßloser Ehrgeiz fand sich verletzt, und als ihm endlich die unverdiente Kränkung widerfuhr, daß er wegen eines ganz nichtigen Anlasses verhaftet und durch längere Zeit rücksichtslos interniert wurde, da beschloß er, Österreich zu verlassen. Am Münchener Hofe fand er bereitwillige Aufnahme, und von dort aus richtete er nun bissige Angriffe gegen seine Heimat, für deren Ruhm er einst so viel getan.

Seinem Werben war es in der Tat gelungen, daß sich die bildende Kunst in Österreich heimischen Stoffen zuzuwenden begann. „Krafft schuf seine Schlachten- und Landwehrbilder, Petter vertiefte sich in das Leben Max I., Perger in die Zeit der Babenberger. Am tätigsten aber unter allen Künstlern war der Kammermaler des Erzherzogs Johann, Karl Ruß, den Hormayr unverdrossen zu geschichtlichen Darstellungen ermunterte." (Glossy.) Weniger glückte es mit der heimischen Dichtung, und das Archiv ebnete auf diesem Gebiete recht eigentlich der Mittelmäßigkeit die Wege.

Erst Grillparzer sollte meisterlich verkörpern, was Hormayr, diesem Pionier der Heimatskunst, als Ideal vorschwebte. Seine ganze Anlage verwies ihn ja auf das historische Drama. „Der Geschichtsschreiber weiß

wenig, der Dichter muß alles wissen," sagt er in seiner
Selbstbiographie. Das ist in der Tat der springende
Punkt. Gerade diese lebendige Kenntnis der Ge=
schichte besaß aber Grillparzer im höchsten Maße, die
seltene Gabe, zu sehen und zu wissen, wo andere nur
forschen. Auch die Lust, Geschichtliches dramatisch zu
gestalten, war ihm, wie wir wissen, schon früh erwacht;
an wie vielen Stoffen hatte er sich nicht schon versucht,
freilich ohne bisher einen zu bewältigen.

Dennoch zögerte er, als ihn Ottokar zu locken begann.
Er hatte alle möglichen Bedenken gegen die Form des
historischen Dramas. Aber immer von neuem reizte ihn
die Gestalt des Böhmenkönigs, in der er so manche Züge
des großen Korsen wiederzufinden glaubte. Langwierige
Studien begannen. Grillparzer suchte sich das historische
Material bis in seine Einzelheiten anzueignen; besonders
vertiefte er sich in die Reimchronik Ottokars von Horrek
und lernte zu diesem Zwecke Mittelhochdeutsch. Daneben
verschlang er alles, was er von und über Napoleon zu
lesen bekam. Zunächst versuchte er, die Gründung der
habsburgischen Monarchie episch zu behandeln, aber er
brach den Versuch bald ab. Der Dramatiker in ihm wollte
sein Recht haben, und das prophetische Gefühl des Ge=
lingens überwand alle Bedenken. Im September 1823
wurde die Tragödie von Ottokars Glück und Ende nieder=
geschrieben.

Grillparzer übergab das Drama seinem Freunde
Schreyvogel, der davon entzückt war. Es wurde der
Zensur eingereicht, stieß aber hier auf Schwierigkeiten.
Uns mag dies wunderlich vorkommen, Eingeweihte haben
es aber vorausgesehen. Schreyvogel wenigstens gab das
Stück mit einer Einbegleitung ein, in der er darauf
hinwies, die Scheidung Ottokars von seiner ersten Ge=

mahlin könnte zu unliebsamen Vergleichungen mit
Zeitereignissen keinen Anlaß geben, auch seien die Be=
ziehungen auf Napoleons Charakter und Schicksale
durchaus unbedenklich. Die Zensur war aber anderer
Meinung, ja sie entdeckte noch einen gefährlichen Punkt:
die angeblich ungünstige Schilderung der Tschechen.
Es drangen denn zu Grillparzer Gerüchte, daß man
das Stück verbieten wolle. Der Dichter richtete an
den Polizeichef Sedlnitzky einen energischen Brief. „Ich
bitte Eure Exzellenz,“ schreibt er, „ehe Sie etwa un=
günstig entscheiden, den vollen Umfang dessen zu über=
blicken, was Sie zerstören und wie sehr Sie entmutigen.“
Er habe sich nie mit Tagesschriftstellerei bemengt, und
den reichlichen Gewinn, den sie abwerfe, verächtlich von
sich gewiesen. Für seine weitaussehenden Werke jedoch
habe er von der Anerkennung seines Vaterlandes den
gebührenden Lohn erwartet. „Ich habe ein R e c h t auf
Berücksichtigung von seiten der Zensur. Wenn E. E.
meinen Ottokar verbieten, rauben Sie mir die Frucht
jahrelanger Arbeiten, meine Aussicht auf die Zukunft,
vernichten mich und in mir vielleicht eine Reihe auf=
keimender Talente, die mein Beispiel sich zur Warnung
nehmen und sich zur Gemeinheit der Journale oder der
Posse der Leopoldstädter Bühne flüchten werden, von
denen mich enthalten zu haben, an mir so hart bestraft
wird.“ Der Brief fruchtete nichts. Die Zensurbehörde
verwies den Dichter an die Staatskanzlei. Grillparzer
begab sich zu Gentz, der ihn im Bette, umgeben von wahr=
haft sybaritischem Luxus, empfing und eine ausweichende
Antwort gab. In seinem Tagebuche findet sich die Be=
merkung, daß er „Ottokar“ mit Unwillen gelesen habe,
und es scheint, als sei er nicht ganz ohne Einfluß auf
die Ablehnung des Stückes gewesen, wie man denn

überhaupt in der Staatskanzlei, durch die beginnende Nationalitätenbewegung ängstlich gemacht, historische Dar= stellungen nicht gerne sah. Grillparzer war ohnmächtig; er ahnte nicht, daß mittlerweile ein Höherer eingegriffen hatte: der Kaiser selbst. Er hatte die Zensur aufgefordert, ihm die Gründe der Ablehnung bekannt zu geben. Graf Sedlnißky beeilte sich, dem Gebote nachzukommen, und verwies darauf, daß der Autor des Stückes derselbe Grill= parzer sei, der 1819 wegen seines Gedichtes „Campo vac= cino" einen strengen Verweis erhalten habe. Er hielt damit die Sache für erledigt, zumal sich der Monarch sonst nie um derlei Angelegenheiten kümmerte. Aber der Kaiser war nicht zufrieden; er gab den Bericht einem Manne seines persönlichen Vertrauens, dem Leibarzte, Staats= und Konferenzrate Andreas Josef Freiherrn von Stifft, zur Überprüfung. Dieser redliche und wohlunter= richtete Mann las das Drama aufmerksam und fällte darüber ein sehr verständiges Urteil. Punkt für Punkt entkräftete er die Bedenken der Zensur, stellte sie als geradezu lächerlich hin und befürwortete die Aufführung auf das wärmste. Dennoch zögerte nun Kaiser Franz, und es verstrich eine lange Zeit. Endlich griff die Kaiserin Karolina Augusta ein und veranlaßte ihren Gemahl, gegen die Zensur den Befehl zur Aufführung zu geben. Am 19. Februar 1825 fand diese statt.

Der Erfolg war tumultuarisch, aber er galt mehr der Sensation, als der Dichtung. Lokalpatriotismus und die Sucht, in den Gestalten des Dramas Beziehungen auf Per= sönlichkeiten des Tages zu wittern, hatten zu gleichen Teilen daran mitgewirkt. Grillparzer hörte den falschen Ton aus dem Beifall heraus und fühlte sich angewidert. Die Kritik lobte, aber ohne Kenntnis und Einsicht; daß Hormayr sehr erfreut war, verstand sich von selbst. Grill=

parzers eifrigste Bewunderer aber wichen ihm aus; Otto=
kar hatte sie, die noch von der klassischen Schönheit einer
„Sappho" erfüllt waren, befremdet. Auch der äußere Er=
folg des ersten Abends sollte nicht vorhalten. Fatale
Zufälligkeiten, wie die Erkrankung Anschütz', der den
Ottokar gab, wurden hinderlich. Ein obskurer, aber durch
seine Frechheit wohlbemerkter Journalist warf, wie es
scheint, auf einen Wink der Staatskanzlei, im „Sammler"
dem Stücke Beschimpfung der Tschechen, grobe Unsittlich=
keit, Respektlosigkeit gegen Kaiser und König vor. Der
Staatsminister Graf Kolowrat und Graf Czernin, Böhmen
von Geburt, waren gegen das Stück eingenommen und
beeinflußten die Stimmung der vornehmen Kreise, in
denen Grillparzer ohnedies wenig Freunde zählte. Wütend
erhob sich die tschechische Nation, die in dem Drama sehr
mit Unrecht eine Verunglimpfung ihrer nationalen Ge=
fühle erblickte, und von tschechischen Studenten gingen
Grillparzer wüste Schimpf= und Drohbriefe zu. So wurde
denn das Stück abgesetzt.

    In „Ottokars Glück und Ende" hat Grillparzer er=
reicht, wonach er im „Goldenen Vlies" bewußt, aber
nicht mit vollem Erfolge gerungen: romantische Beseelung
der strengen klassischen Form. Seit Götz bestand in
Deutschland eine große Vorliebe für das ritterliche Drama,
allein die Auflösung der Handlung in ein Bündel von
Genreszenen, die schon an dem Musterstücke Bedenken
erregen mußte, wurde für die weniger begabten Nach=
ahmer verhängnisvoll. Schiller dagegen hat wohl die
Form des historischen Dramas unübertrefflich gemeistert,
aber diese Form zerstörte den intimen Reiz des Details.
Grillparzer zum erstenmal hat beides vereinigt. In der
Konzentration des weitverzweigten Stoffes hat er wahr=
haft Großes geleistet. Das gelang ihm vor allem durch

die starke Herausarbeitung des Gegensatzes zwischen Otto=
kar und Rudolf: dort der geniale Mensch, dessen kühnste
Pläne ein zweifelhaftes Wagen sind, weil er nur seinem
Ich fröhnt, hier der schlichte, bescheidene, weit weniger
begabte Mann, der aber in all seinem Tun von einer
großartigen Sicherheit geleitet wird, weil er immer nur
der Allgemeinheit, der Pflicht dienen will. Hier zeigt
sich's, nebenbei bemerkt, deutlich, wo die Quelle der Welt=
flucht Grillparzers zu suchen ist. Einem tatenreichen
Leben ist er keineswegs abhold, doch muß es an eine große
Aufgabe gesetzt werden; wo hätte er aber die in dem
Österreich seiner Zeit gefunden?

Innerhalb der streng geschlossenen Form des Ottokar=
Dramas flutet ein reich bewegtes Leben; immer behält
die einzelne Szene ihr Recht, und diese Szenen schließen
sich scheinbar zufällig zum Ganzen; nirgends sieht man
das kunstvolle Gebälke. Welche Fülle von Charakteren
offenbart sich vor uns! Jeder lebt sein eigenes Leben,
aus sich, aus seinen Verhältnissen heraus natürlich ge=
wachsen, nicht von der Hand des Dichters zu einem
bestimmten Zwecke gelenkt. Welche unerschöpfliche Menge
feinster Züge reizt uns! Das Zarteste steht neben dem
Kühnsten, jedes an der rechten Stelle, scheinbar bunt
und doch voll geheimer Absicht, gerade wie im wirklichen
Leben. Im „Ottokar" gewinnt Grillparzer auch seine
volle Herrschaft über den Dialog. Der lyrische Schwung
seiner früheren Tragödien ist aufgegeben, er weicht einer
kurzen, bezeichnenden Wechselrede. Dem Dichter ist das
Wort zu einem Spiegel der Persönlichkeit geworden; im
„Goldenen Vlies" hat er zwei verschiedene Welten durch
verschiedenen Rhythmus charakterisiert, im „Ottokar"
redet jede Person ihre eigene Sprache. Während ihm
vorher nach Goetheschem Vorbilde das Wort die Haupt=

fache war, das von Mienenspiel und Geberden nur begleitet wurde, schmilzt ihm nun Wort und Geberde zu
einem untrennbaren Ganzen zusammen. Aktion ist alles,
Wort und Geberde haben ihr zu dienen.

Wohl kam es dabei dem Dichter zu statten, daß er
mit seinem Stück auf heimischem Boden blieb. Der Schau-
platz der Begebenheiten war ihm genau bekannt, Denken
und Fühlen der Personen, ihre Art, sich zu geben und zu
sprechen, war ihm geläufig, und die innige, heiße Liebe
zur Heimat gab der Dichtung etwas herzlich Anmutendes
und Trauliches. Mundartliche Wendungen flossen in die
Rede mit ein, eigensinnige Verletzungen des Schrift-
gebrauchs — Geringschätzung der Regel, wie sie Bach mit
drohend erhobenem Finger, aber lächelnd an Beethoven
rügt. Allein wer möchte diese Eigenheiten vermissen?
Sie gehören zum Ganzen, sie machen das Bild erst vollständig, Grillparzers österreichisches Selbstbewußtsein
spricht sich naiv in ihnen aus.

Den geistigen Mittelpunkt des Stückes bildet das
herrliche Lob auf Österreich. Was Ottokar von Horneck
zum Preise seiner Heimat sagt, das ist Wort für Wort
Grillparzers eigene Gesinnung.

Furchtbarer als nach der Vollendung anderer Schöp-
fungen war der Rückschlag, der auf die Aufführung von
„Ottokars Glück und Ende" folgte. Wohl nahm der
Dichter sein Stück gegen boshafte Anfeindungen in Schutz,
und mit bissigem Spott persiflierte er in den „Kritischen
Briefen" die Urteile der Zeitgenossen, ihr Lob und ihren
Tadel in gleicher Weise als verlogen abweisend. Aber
in seinem Innersten war er nur zu geneigt, die Ursachen
für den Mangel an Erfolg im Stücke selbst zu suchen.
Tiefe Niedergeschlagenheit überkam ihn. Da seine besten
Absichten schmählich verkannt waren, sah er mutlos in

die Zukunft, eine förmliche Auflösung der Kräfte war die Folge. Untätig brütete er vor sich hin. Er vermochte nicht, sich zur Arbeit zu zwingen, und wenn es je einmal gelang, so faßte ihn augenblicks ein tiefer Ekel vor dem Ausgeführten. Ein wahres Grauen vor Feder und Tinte befiel ihn. „Ein Brief, den ich empfangen, macht mich unglücklich. Ich trage ihn acht Tage uneröffnet in der Tasche, ich lasse ihn von anderen lesen, an Antwort ist nicht zu denken." Er, für den die reifsten Früchte in der Einsamkeit reiften, der die Sammlung eine Götterbraut und Mutter alles Großen nannte, ergab sich nun, nur um vor sich selbst zu fliehen, der Zerstreuung, dem flachen Spaß in einer Gesellschaft, die seiner keineswegs würdig war. „Ich will die Gemeinheit abhalten," gelobte er sich angstvoll, „wie ein Gestrandeter das Wasser von seinem lecken Schiffe, solange es geht, und hilft endlich kein Schöpfen mehr, dann spült mich fort, brausende Wellen, mein Tagwerk ist getan! So viel ist gewiß: ist einmal der Dichter über Bord, sende ich ihm den Menschen nach." So, bis zu Selbstmordgedanken steigerte sich seine Qual, und in sein Tagebuch schreibt er die furchtbaren Verse:

> „Was je den Menschen schwer gefallen,
> Eins ist das Bitterste von allen:
> Vermissen, was schon unser war,
> Den Kranz verlieren aus dem Haar,
> Nachdem man sterben sich gesehn,
> Mit seiner eignen Leiche gehn."

Mißhelligkeiten halb lächerlicher, halb schmählicher Art kamen hinzu, um ihm seinen Zustand immer unleidlicher zu machen. Im Winter 1825 wurde er in eine alberne Polizeiaffäre verstrickt. Daffinger hatte sich —

im Gasthause zum Erzherzog Karl — angeblich eine
Beschimpfung der Militärpolizeiwache zu schulden kommen
lassen und wurde deshalb zu dreitägigem Arrest ver=
urteilt. Grillparzer, der in Begleitung Daffingers war,
soll dessen „freche Äußerungen" beifällig aufgenommen,
ja selbst „schlechte Gesinnungen ausgesprochen" haben.
Ihm wurde daher von der Polizeidirektion bedeutet, „daß
wenn noch einmal eine, wie immer geartete ähnliche
Klage gegen ihn zur Sprache kommen sollte, man ohne
Schonung den Herrn Finanzminister davon unterrichten
und auf ein so ahndungswürdiges, bei einem k. k. Be=
amten doppelt sträfliches Benehmen aufmerksam machen
werde". Schon im April 1826 sollte er abermals mit
der Polizei zu tun bekommen. Er war kurz vorher der
„Ludlamshöhle" beigetreten, einer Gesellschaft von Schrift=
stellern, Künstlern und Geschäftsleuten, die sich im Haid=
vogelschen Gasthause in dem Schlossergäßchen zu ver=
sammeln pflegte. An diesen Abenden huldigte man aus=
gelassener Lustigkeit, parodistischer Unsinn bildete den
Grundton der Unterhaltung, mancher allzu derbe Spaß
wurde gewagt; es war dies eben jene Gesellschaft, deren
banale Fröhlichkeit Grillparzer mit solchem Grauen vor
sich selbst als die einzige Rettung aus seiner Schwermut
empfand. Hofrat Persa von der Polizei, der die Furcht
des Kaisers Franz vor allem Geheimen kannte, beschloß,
um sich lieb Kind zu machen, die Ludlamshöhle als ge=
heime Gesellschaft zu behandeln und als solche aufzuheben.
In der Nacht vom 26. zum 27. April wurde das Lokal der
Ludlam gewaltsam geöffnet und alle Schriften in Beschlag
genommen. Noch in derselben Nacht drang man in die
Wohnungen der Mitglieder ein, hielt peinliche Haus=
suchung und diktierte ihnen Hausarrest; die Untersuchung
wegen Teilnahme an einer staatsgefährlichen Verbindung

wurde eingeleitet. Am schlimmsten kamen dabei Grillparzer, Zedlitz und Castelli weg. In der Tat endete die
Sache auch mit einer Verurteilung, doch die Oberbehörde
hob das Urteil auf. Immerhin blieb auf dem ohnedies nicht gut angeschriebenen Grillparzer ein fataler
Makel kleben; sein Anerbieten, in amtlicher Eigenschaft
nach Brüssel zu reisen, um Staatspapiere dahin zu über-
bringen, wurde von dem Finanzminister Grafen Nadásdy
abgewiesen, weil er Mitglied der Ludlamshöhle gewesen sei.

Kurz vorher war ihm ein anderes Mißgeschick begegnet. Auf die Genesung Kaiser Franzens aus schwerer
Krankheit hatte er ein Gedicht „Vision" verfaßt — ein
Poem, das von Loyalität förmlich troff. Es war dies das
einzige Mal, daß Grillparzer, der ehrliche, den Versuch
machte, zu liebedienern, um „gegen die Bestrebungen
jener Hunde, die jeden meiner Schritte belauern und mich
über kurz oder lang doch unterbringen werden", einen
Schutz zu finden. Das Gedicht wurde in der „Wiener
Zeitschrift" veröffentlicht. Grillparzer mußte aber bald
erfahren, daß es die Kaiserin zum höchsten Zorne gereizt
habe, „weil darin von zwei Frauen die Rede ist, die
am Bette des Kaisers sitzen, indes sie nur allein wirklich
bei ihm gewacht habe". Ärgerlich ruft er aus: „O Poesie,
wo bist du? Und o Land, wo bist du, wo sie gedeiht und
wo man sie erträgt?!"

Zu alledem gesellten sich noch die schmerzlichen Verwicklungen mit Kati — kurz, ihm wurde der Boden unter
den Füßen zu heiß, und er beschloß, in einer Reise nach
Deutschland Erholung zu suchen. Dabei verfolgte er wohl
auch die Absicht, den Boden draußen zu sondieren; er
spielte mit dem Gedanken an die Auswanderung, ernst
war es ihm wohl nie damit. Ihm ging es mit Österreich,
wie es seiner Kati mit ihm ergangen war: sein Vaterland

mochte ihn behandeln, wie es wollte, er konnte es nicht
vergessen und nicht missen, denn alles, was gut an ihm
war, verdankte er der Heimat.

Im Herbst 1826 brach er auf und fuhr über Prag
zunächst nach Dresden. Von Prag war er entzückt; in
einem Brief an Kati gestand er, daß außer Venedig noch
keine Stadt einen so tiefen Eindruck auf ihn gemacht habe.
Dresden dagegen und dessen Bewohner mißfielen ihm
derart, daß er überlegte, ob es nicht das gescheiteste wäre,
gleich wieder umzukehren. Einen liebenswürdigen Mann
lernte er in Böttiger, dem Oberaufseher der Königlichen
Kunstsammlungen, kennen. Dieser Gelehrte, mit dem
Grillparzer vor Jahren etliche Briefe gewechselt hatte,
kam ihm in ehrlicher Bewunderung entgegen, wie er denn
seinerzeit auch viel für die Verbreitung der „Ahnfrau"
und „Sappho" auf deutschen Bühnen getan hatte. Tieck
nahm den österreichischen Dichter mit gebührender Höflich=
keit auf und ließ sich vor ihm als Rezitator hören; Grill=
parzer spricht mit Anerkennung davon, beharrt aber im
übrigen auf seinem strengen Urteil über Tieck: er habe
mit Jean Paul zur Verlotterung der deutschen Dichtung
beigetragen. Mit größtem Eifer studierte er die Galerien,
über die Eindrücke, die er dort empfangen, äußerte er
sich jedoch nicht ausführlich. In wahre Begeisterung
setzte ihn Adrian van der Werffs „Verstoßung der Hagar".
Vor allem rühmte er die Wahrheit der Komposition.
„Das Gesicht Hagars ist abgewendet, und doch liest man
den ganzen Gehalt des Augenblicks in jeder der reizenden
Wendungen des Halses, des Kopfes." Sie scheine ängst=
lich zu lauern, ob nicht irgend eine Bewegung Abrahams
andeuten werde, daß ihm der grausame Ausspruch nicht
von Herzen komme. „Und Abraham hat wirklich so viel
Gedrücktes, die Wendung der Entfernung gebietenden

Hände hat so viel Entschuldigendes, daß ohne die lauernde
Sarah die Szene wohl eine andere Wendung nähme.“
Man sieht: es ist ein Dramatiker, der so über das Bild
urteilt. Der Eindruck, den van der Werff auf Grill=
parzer machte, wurde übrigens durch die Werke der
Italiener, besonders durch die Gemälde Correggios ver=
dunkelt. Hoch über alle andern aber stellte der Dichter
Raffael. „Was ist da viel zu sagen!“ ruft er vor der
Madonna aus. „Die übrigen Bilder und Maler sind
unter sich der Stufe nach verschieden, Raffael der Gat=
tung nach.“

Von Dresden reiste Grillparzer ohne längeren Auf=
enthalt unterwegs nach Berlin. Hier gefiel es ihm ganz
gegen Erwarten wohl. Er rühmte die Liebenswürdig=
keit der Berliner und fühlte sich von dem ungezwungenen
Ton der Unterhaltung freundlich angemutet. Nur der
Bildungsdrill, der das Urteil aller so verzweifelt gleich
mache, war ihm zuwider, und zuweilen sehnte er sich
nach der naiven Unbildung seiner Wiener zurück. Die
Herzlichkeit, mit der die literarischen Kreise Berlins ihn
aufnahmen, erfreute ihn sehr und stimmte ihn mild, fast
fröhlich. So ließ er selbst Fouqué gelten, dessen hyper=
romantisch verschrobene Werke ihm doch sonst nicht gerade
großen Respekt einflößten. Anregende Stunden verbrachte
er mit Chamisso, an dem ihn nur die langen Haare
ärgerten, mit Varnhagen, den Sängerinnen Seidler und
Sontag, von denen ihn besonders die letztere durch ihre
Anmut fesselte, und mit dem genialen Ludwig Devrient.
Auch mit Hegel kam er in Berührung. Die beiden
Männer hatten in der schlichten Geradheit ihrer Natur
manches Verwandte. Hegel nahm großes Interesse am
„Goldenen Vlies“, Grillparzer dagegen kannte die Werke
des Philosophen gar nicht. Er scheint sich übrigens mit

ihm recht wohl unterhalten zu haben. „Ich fand Hegeln
so angenehm, verständig und rekonziliant, als ich in der
Folge sein System abstrus und absprechend gefunden
habe,“ sagt er in der Selbstbiographie. Wahrhaft be-
zaubert war er von der Rahel, und die reizvolle Art,
wie diese keineswegs schöne Frau zu plaudern verstand,
versetzte ihn in eine förmliche Trunkenheit.

Das eigentliche Ziel seiner Reise war Weimar. Am
28. September kam er dort an. Sofort schickte er seine
Karte zu Goethe und ließ fragen, wann er seine Auf-
wartung machen dürfe; er wurde für den Abend beschieden.
Als er in Goethes Hause vorsprach, fand er eine große
Gesellschaft vor; der Herr Geheimrat war noch unsichtbar,
erschien aber bald: „schwarz gekleidet, den Ordensstern
auf der Brust, gerader, beinahe steifer Haltung — wie
ein Audienz gebender Monarch“. Grillparzer war tief
enttäuscht. Er hatte den großen, über alles verehrten
Dichter zu sehen gehofft, und der Minister eines kleinen
Staates war ihm entgegengetreten.

Mißmutig erwog er des nächsten Tages eine schleu-
nige Abreise, als ihm ein Diener eine Karte Goethes
mit der Einladung zum Mittagsmahl überbrachte. Natürlich blieb er nun und hatte es nicht zu bereuen. Goethe
empfing ihn diesmal so liebenswürdig und warm, als
er das erstemal steif und kalt gewesen war. „Das Innerste
meines Wesens begann sich zu bewegen,“ bekennt Grillparzer. „Als es zu Tische ging, und der Mann, der
mir die Verkörperung der deutschen Poesie, der mir in
der Entfernung und dem unermeßlichen Abstande beinahe
zu einer mythischen Person geworden war, meine Hand
ergriff, um mich ins Speisezimmer zu führen, da kam
einmal wieder der Knabe in mir zum Vorschein, und ich
brach in Tränen aus. Goethe gab sich alle Mühe, um

meine Albernheit zu maskieren. Ich saß bei Tisch an seiner Seite, und er war so heiter und gesprächig, als man ihn, nach späterer Versicherung der Gäste, seit langem nicht gesehen hatte. Das von ihm belebte Gespräch ward allgemein. Er wandte sich aber auch oft einzeln an mich. Was er aber sprach, außer einem Spaß über Müllners Mitternachtsblatt, weiß ich nicht mehr."

Goethe hatte die Gewohnheit, alle Besucher, die sein Interesse erregten, durch einen Zeichner, namens Schmeller, porträtieren zu lassen; er forderte denn auch Grillparzer zu einer Sitzung auf. Als dieser, dem Wunsche bereitwillig folgend, des nächsten Morgens kam, traf er den Altmeister in seinem Hausgärtchen auf und ab gehend. Die vornehme Steifheit, die beim ersten, feierlichen Empfange so ferngehalten hatte, war einer bequemen Lässigkeit gewichen, und ein leichtes Vorneigen von Kopf und Nacken verriet die Last des Alters. Goethe war mit einem langen Hausrocke bekleidet, ein Schirmkäppchen bedeckte das Haupt mit den silberweißen Locken, und seine Erscheinung hatte etwas unendlich Rührendes. „Er sah halb wie ein König aus, halb wie ein Vater", war sehr aufgeräumt und gesprächig, zeigte Grillparzer mit Stolz Byrons Briefe, und alles, was sich auf seine Bekannt= schaft mit dem österreichischen Kaiserpaare bezog, kurz er erwies sich so gütig und liebevoll, daß dem Wiener Poeten das Herz aufging.

Um so sonderbarer muß es scheinen, daß Grillparzer einen Wink des Kanzlers Müller, Goethe gegen Abend zu besuchen — er werde ihn allein finden und gewiß herzlich willkommen sein —, nach vielem Schwanken un= beachtet ließ. Aber es überfiel ihn eine förmliche Angst, dem Manne, der ihm wie einer der Überirdischen erschien, allein unter die Augen zu treten; unendlich klein und un=

bedeutend kam er sich ihm gegenüber vor, nichtssagend
alles, was er etwa vorbringen könnte, und er fürchtete,
den Meister auf das tödlichste zu langweilen. So un=
geschickt dies auch von Grillparzer war, die tiefe Be=
scheidenheit und Verehrung, die er allem Großen und
Echten entgegenbrachte, konnte sich nicht deutlicher offen=
baren. Goethe scheint übrigens ein wenig verdrossen
gewesen zu sein; denn beim Abschiede benahm er sich
zwar freundlich, aber doch merkbar kälter als vorher.

Trotz alledem scheint er von dem Wiener Gast im
ganzen einen günstigen Eindruck empfangen zu haben;
wenigstens schreibt der geheime Regierungsrat Peucer
an Böttiger, Grillparzer habe Goethen ungemein ge=
fallen. Der Altmeister selbst urteilt freilich etwas zurück=
haltender. „Grillparzer ist ein angenehmer, wohl=
gefälliger Mann," berichtet er an Zelter. „Ein an=
geborenes poetisches Talent darf man ihm wohl zu=
schreiben; wohin es langt und wie weit es ausreicht, will
ich nicht sagen. Daß er in unserem freien Leben etwas
gedrückt erschien, ist natürlich." Ob er Grillparzers
Dramen gekannt, ist fraglich; in den Aufzeichnungen
über seine Lektüre sind sie nicht erwähnt, und Laube
meint, er sei einzig von Zelter unterrichtet gewesen. In
dem Urteile dieses Biedern ist aber der Wiener Dichter
übel genug weggekommen. Zelter fand die Ahnfrau zwar
„nicht so ekelhaft, wie den säuischen 24. Februar", aber
doch miserabel genug; die „Sappho" sei ohne Halt, die
Personen in diesem Drama zahm bis zur Grausamkeit
gegen das Publikum; die „Medea" nennt er mehr
schlimm als schlecht und versichert, Schauspieler und Zu=
schauer seien weggegangen wie gebissene Hunde. Dem=
gegenüber muß man sich daran erinnern, daß Goethe
nach Grillparzers eigener Erzählung der Sappho Er=

wähnung tat, „die er zu billigen schien". Das sieht nicht danach aus, als ob er von Zelters Urteil wäre beeinflußt worden; es läßt vielmehr vermuten, daß er über das Drama aus eigener Kenntnis gesprochen habe. Seine vorsichtige Zurückhaltung in der Abschätzung von Grillparzers poetischen Fähigkeiten wird man aber begreifen, wenn man bedenkt, welche Kluft ihn, den Olympier, von dem leidenschaftlich befangenen und stürmischen Verfasser der „Ahnfrau" und des „Goldenen Vließes" trennte.

In Weimar tat man übrigens alles, um dem Gaste den Aufenthalt so angenehm als möglich zu machen. Der Großherzog empfing ihn schlicht und natürlich, wie es seine Art war, und unterhielt sich mit ihm über österreichische Zustände, die Notabilitäten begegneten ihm mit Herzlichkeit und Auszeichnung, ja man ließ sogar den Wunsch durchschimmern, ihn für das Weimarer Theater zu gewinnen, wozu er freilich keine große Lust verspürte. Besonders glücklich war der vortreffliche Hummel, großherzoglicher Kapellmeister, der, selbst ein geborener Wiener, von den Ehren, die man seinem Landsmanne erwies, bis zu Tränen gerührt wurde, und außerdem sich närrisch darüber freute, wieder einmal die heimische Mundart sprechen zu hören. Am Tage von Grillparzers Abreise veranstaltete man ihm zu Ehren im Schießhause ein großes Festessen; der Regierungsrat Peucer besang dabei den Scheidenden in Versen, deren Klang deutlich an den genius loci gemahnte:

Haft gesehen, haft empfunden
Meisters Huld und Sachsen-Weise.
Leichtbeschwingte, goldne Stunden,
Folget ihm zur Heimatreise!

Gerührt schied Grillparzer, aber schon trieb ihn die Sehnsucht mächtig der Heimat zu. Unterwegs hielt er sich

nur noch in München auf. Hier lernte er Cornelius
kennen, „den einzigen Maler, bei dem das deutliche Be=
wußtsein der Idee der Gediegenheit der Verwirklichung
nicht im Wege stand", und den Minister Schenk, den er
einen liebenswürdigen und poetisch begabten Mann nennt,
worin ihm die Folge allerdings nicht recht gegeben hat.

Wesentlich gekräftigt und mutvoller kehrte Grill=
parzer nach Wien zurück. Frische Arbeitslust regte sich
wieder in ihm. Mancherlei Stoffe, die schon vordem er=
wogen und halb durchdacht waren, lagen vor, darunter
einer aus der ungarischen Geschichte. Grillparzer hatte
ihn auf eine besondere Veranlassung hin hervorgesucht.
Als nämlich die Kaiserin Karolina Augusta zur Königin
von Ungarn gekrönt werden sollte, hatte man ihn auf=
gefordert, ein Drama zu schreiben, das bei den Feierlich=
keiten in Preßburg aufgeführt werden könnte. Bereit=
willig hatte Grillparzer zugesagt und sich nach etlichem
Suchen für die Sage vom Palatin Bancbanus entschieden;
aber hunderterlei Bedenken hemmten die Arbeit, und so
ging die Krönung (25. September 1825) vorüber, ohne
daß Grillparzer sein Drama beigesteuert hätte. Jetzt lockte
der Stoff von neuem, Grillparzer ging an die Arbeit
und vollendete rasch das Werk. Allerdings „bestand
Schreyvogel darauf, daß ihm das Stück nicht gefalle",
und Grillparzer, leicht geneigt, jedem Tadel aus dem
Munde eines Verständigen recht zu geben, war entmutigt.
Noch vor der Aufführung fühlte er Kraft und Wider=
stand versiegen. „Mein Herz ist betrübt bis in den Tod."

An Kühnheit der Charakteristik überbot „Ein
treuer Diener seines Herrn" noch die Ottokar=
Tragödie. Das scheinbar Zufällige eines Charakters in
seinem ursächlichen Zusammenhange aufzugreifen, die
Kongruenz des scheinbar Inkongruenten ahnen zu lassen,

11*

eine Kunst, die nur den größten Meistern glückt, sie ist hier
Grillparzer vor allem in der Zeichnung der Hauptfigur
gelungen. Sein Bancban ist durchaus keine glänzende
Gestalt; ein deutlich hervortretender Zug von Pedanterie
befremdet und wurde vielfach gerügt; auch sein spieß=
bürgerlicher Humor, der ihn um jede Feierlichkeit bringt,
wurde angefochten, seine Gleichgültigkeit gegen die schwere
Kränkung seiner Familienehre scharf getadelt. Man hätte
den Mann, in dem sich ein ehernes Pflichtgefühl ver=
körpert, geistig bedeutender, größer, schwungvoller ge=
wünscht. Aber Grillparzer schöpfte aus dem Leben. Er
zeichnete den Untertanen, dessen aufopfernde Treue eben
nur aus einer Beschränkung seiner eigenen Persönlichkeit
erwachsen kann. Eine gewisse Kleinlichkeit, nicht des Er=
kennens, wohl aber des Urteils und Begehrens, ist von
dem Manne gar nicht wegzudenken, der als D i e n e n =
d e r eine a u f g e t r a g e n e Pflicht bis zum äußersten
erfüllen soll. Der Freie hat nur sein Gewissen zu be=
fragen, der Dienende verletzt, indem er seinem Auftrage
untreu wird, zugleich auch das Recht; denn die Grund=
lage alles Rechtes ist der Verlaß auf das gegebene Wort.
Bancban gehört zu jenen Naturen, die nur einem einzigen
Gedanken zu leben vermögen, diesem aber mit allen
Kräften leben. Gleichgültig, unempfindlich, unmännlich
ist er nicht, tieferschüttert sieht er sein Teuerstes in Ge=
fahr, sieht es vernichtet, aber er kann nicht helfen, nicht
rächen, denn es geht um ein Höheres als um sein Glück:
um seine Pflicht. Auch ist es nicht servile Unterwürfig=
keit, was sein Handeln bestimmt — am Schlusse tritt er
dem Könige mit einem Freimut gegenüber, zu dem nicht
jeder den Mut fände —, allein es gilt das, was ihm der
Inbegriff aller Ehre ist: die Treue am Wort. Wäre
sein Umblick freier, sein Empfinden nur um ein kleines

weniger beschränkt, er vermöchte bei allem Pflichtbewußt=
sein unter den entsetzlichen Qualen sein Wort nicht zu
halten. Auch ein Mann der Tat muß er sein, nicht
gewöhnt, Betrachtungen anzustellen, obschon klug in seinen
Grenzen, und ein naiver Glaube an den Sieg des Recht=
tuns muß ihm innewohnen: daher sein Humor, der sich
bisweilen so hausväterlich philisterhaft anläßt. Im
Grunde ist ja Bancban auch ein Philister, aber gerade
aus dieser Beschränkung seiner Natur erwächst seine eigen=
tümliche Größe.

Recht sein Widerspiel in allem und jedem erblicken
wir in dem Grafen von Meran. Dort der Mann, der
innerlich durch seine Natur, äußerlich durch seine Stellung
gebunden ist; hier ein zügelloser Mensch, ohne Gesetz
über sich, ohne Gesetz in sich. Aber während der Gebundene
das Beste seines Ichs aus allen Anfeindungen unbefleckt
hervorträgt, wird die Kraft des Zügellosen jämmerlich
zerbrochen. In der Zeichnung des Grafen von Meran
ist Grillparzer bis an die Grenzen des Darstellbaren
gegangen, und die Szene, in der sich der Graf voll un=
befriedigter Liebesgier auf dem Boden wälzt, gehört zu
dem Verfänglichsten und zugleich Größten, was der Kunst
des Schauspielers je zugemutet worden ist. Über diesen
seltsamen Charakter gibt Grillparzer selbst in einem Briefe
an Julie Löwe, die Schwester des Darstellers, dem die
Rolle des Grafen zugedacht war, die genauesten Auf=
schlüsse. Übermut aus zweifacher Quelle: als Prinz und
als Liebling der Frauen, sei der Grundzug seines Wesens.
„Er schätzt Erny gering wie alle Bewohner Ungarns, wie
— alle Weiber. Als er statt Liebe Verachtung findet,
bricht das Ungestüme seines Wesens mächtig hervor, und
Wut, Trotz, Rachedurst, ja die Spuren einer durch den
Widerstand erst mehr zum Bewußtsein kommenden

Neigung für die Widerstrebende verſetzen ihn in jenen
Zuſtand, in welchem wir ihn am Schluſſe des zweiten,
vornehmlich aber zu Anfang des dritten Aktes erblicken.
In der darauffolgenden Szene mit Erny durchläuft er
alle Taſten der Empfindung, durch die er Eindruck auf
die Eingeſchüchterte zu machen hofft. Troß eines alle
ſeine Reden begleitenden ſchadenfrohen Lauerns iſt er
in dieſer Szene doch nur halb ein Heuchler.“ Da aber
Erny beharrlich widerſteht, „erwacht ſein Grimm wieder,
durch das demütigende Gefühl, wie viel er ſich vergeben,
auf das äußerſte gereizt“. Der durch ihn verſchuldete
Tod Ernys verſetzt ihn in eine „dumpfe Abſpannung,
die notwendig eintritt, wenn im Zuſtande der höchſten
Aufregung ein entſetzliches Ereignis, die den höchſten
Grad der Steigerung bereits erreicht haben, von dieſem
Gipfel in den entgegengeſetzten Zuſtand hinabwirft. Ein
guter Menſch würde vielleicht wahnſinnig geworden ſein.
Otto wird ſtumpf, was jedoch einzelne Fieberanfälle von
Schreck und Reue nicht ausſchließt“. Die Ereigniſſe am
Schluß des vierten Aktes geben ihm die Beſinnung wieder.
„Im fünften Akte iſt er zertreten, zerknirſcht, aufs äußerſte
herabgekommen. K e i n e S p u r v o n I r r ſ i n n m e h r.
Letzteres iſt der Schlüſſel, die Grundbedingung für die
Zuläſſigkeit des letzten Aktes. Wie könnte Bancbanus
einem bösartigen Wahnſinnigen das Kind anvertrauen,
und wenn er hundertmal der einzige Menſch in der Nähe
und der nahe Verwandte des Kindes wäre?“

Um Bancban und den Grafen von Meran gruppieren
ſich die anderen Figuren des Stückes, vor allem die beiden
Frauengeſtalten: Erny, gebunden wie ihr Gatte durch
Anlage und Pflicht, die Königin, in dem Hochmut ihres
Weſens eng ihrem Bruder verwandt.

Auch in dieſes Stück hat Grillparzer allerlei Perſön=

liches verwoben. Bei der Zeichnung der Königin schwebte
ihm die Erinnerung an die stolze Gräfin Stadion vor,
Erny aber scheint die Züge einer jungen Wiener Dame zu
tragen, von der wir freilich nicht einmal den Namen
wissen. Manches von dem eigensten Wesen des Dichters
ist wohl auf Bancban übergegangen: das ängstliche Be=
streben, jede wärmere Gefühlsregung tief in seinem
Innern zu verschließen, der eiserne Wille, unter allen
Umständen das Rechte zu tun, die Verehrung für das
monarchische Prinzip, die Treue, die er unter Bitternissen
aller Art seinem kaiserlichen Herrn unerschütterlich be=
wahrte, und nicht zuletzt auch ein Zug ins Philiströse,
dem er in Zeiten der Abspannung nur zu leicht erlag.
Aber auch der Graf Meran ist Blut von seinem Blute.
Das zügellos Begehrende seiner Natur war in Grillparzer
freilich niedergehalten, aber nur zu oft drohte es die
Fesseln zu sprengen, und die bis zur Besinnungslosigkeit
gehende Liebesraserei war dem Dichter, wie wir wissen,
so wenig fremd wie dem Grafen.

Trotz dem ungünstigen Urteil Schreyvogels wurde
die Bancban=Tragödie am 28. Februar 1828 im Burg=
theater aufgeführt. Der Erfolg entschied für den Dichter;
das Publikum, reiner gestimmt als dem Ottokar gegen=
über, spendete reichlichen Beifall; die Kritik verhielt sich
allerdings kühl. In den höchsten Kreisen aber erregte
das Stück Anstoß. Man war der Ansicht, die Schilderung
so übermenschlicher Untertanentreue müsse dem monar=
chischen Gedanken eher gefährlich als förderlich werden,
zumal die Mitglieder der königlichen Familie in dem
Drama nicht gerade schmeichelhaft behandelt wurden.
Auch die Schilderung der Unbotmäßigkeit der Magyaren
schien bedenklich, besonders mit Rücksicht auf die Gärung,
die gerade damals in Ungarn zu merken war. So teilte

denn Graf Czernin am Tage nach der Aufführung dem
Dichter mit, das Stück habe dem Kaiser so gut gefallen,
daß er es allein zu besitzen wünsche und bereit sei, für
den Entgang der Honorare jeden beliebigen Ersatz zu
leisten.

Grillparzer war empört über diesen schmählichen Vor=
schlag. Ebenso klug als würdig wußte er der Intrigue
zu begegnen, die auf die Unterdrückung seines Werkes
ausging. Die große Sparsamkeit des Hofes kennend,
nannte er eine verhältnismäßig hohe Summe — 3000 fl.
K. M. — und fügte außerdem hinzu, er könne, da bereits
Abschriften des Stückes existierten, nicht die Verant=
wortung dafür übernehmen, daß es nicht doch — ohne
sein Wissen — verbreitet werde. Das tat denn auch
seine Wirkung: auf Vorschlag Sedlnitzkys ließ der Kaiser
die Absicht, das Stück zu kaufen, fallen.

In Grillparzers Seele aber blieb der Stachel zurück.
Wieder waren seine besten Absichten verkannt worden,
jede Regung seines Genius stieß „an den Plafond der
Zensur“. Er verzagte an seiner Zukunft. „Ich muß
meinem Vaterlande Lebewohl sagen,“ ruft er schmerzlich
aus, „oder die Hoffnung auf immer aufgeben, einen Platz
unter den Dichtern meiner Zeit einzunehmen. Gott!
Gott! wird es denn jedem so schwer gemacht, das zu
sein, was er könnte und sollte?“

IX

Der Abschluß
von Grillparzers öffentlichem Wirken

Aus Deutschland war Grillparzer mit dem festen
Vorsatze heimgekehrt, sich aus seiner schwerblütigen Selbst=
quälerei aufzuraffen und ein frischeres, tätigeres Leben
zu beginnen. Er gab sich denn auch alle Mühe, Wort
zu halten, und der Verkehr mit begabten, hochstrebenden
Männern, dem er sich wieder erschloß, besserte in der
Tat seine Stimmung. Schubert und der Maler Schwind
waren ihm schon von früher her willkommene Gefährten,
nur sollte er sich freilich ihres Umgangs nicht lange zu
erfreuen haben: das Jahr 1828 raffte Schubert dahin,
und Schwind ging im selben Jahre nach München. Dafür
fand er in Eduard von Bauernfeld erfreulichen Ersatz.
Bauernfeld, dessen Ruhm damals noch ein schmächtiges
Reislein war, blickte in heller Bewunderung zu dem an
Jahren wie an Kunst überlegenen Manne auf. In
Schickhs „Zeitschrift“ veröffentlichte er 1827 ein Gedicht
„An Grillparzer“, worin er den Dichter bat, trotz aller
Mißgunst, die ihn verfolge, mit den Gaben seiner Muse
nicht zu kargen. Erfreut, fast geschmeichelt antwortete
Grillparzer mit dem Gedichte „Rechtfertigung“.

    „Was schiltst du mich? Und wenn auch noch so leise,
  Und wenn auch noch so schön in Ton und Wort,

Doch schiltst du mich und tadelst meine Gleise,
Und wünschest mich an einen andern Ort.
Allein zugleich so freundlich ist die Weise,
Daß sie den Geist mir zieht, den Willen fort.
Und was sonst lästig mir in Red' und Liedern,
Ich fühle mich gedrängt, dir zu erwidern.

Es rinnt der Bach, wie schlammig die Gestade,
Allein, der schöpft, prüft wohl, was er erhält;
Der Waldbaum streut den Samen auf die Pfade,
Der Ackersmann sucht ein gepflügtes Feld;
Der dunkle Trieb strebt, daß er sich entlade,
Ein zwingend Muß ist ihm als Ziel gestellt;
Der Menschengeist in sonnigern Bezirken
Will nicht nur tätig sein, er will bewirken.

Glaubst du, der Lieder Ahn, der Mäonide,
Er sang den Winden seine Rhythmen vor?
Der ihm zunächst kommt im erhabenen Liede,
Sah still geneigt der Briten stolzes Ohr;
Und Tasson, Goethen, wenn vom Schaffen müde,
Hört' zu Amalia, lauscht' Leonor'.
Die Welt ist da, weil Menschen sind, die sehen;
Was niemand weiß, ist niemand auch geschehen.

Daran aber, daß sein Lied kläglich im Wind verhaue, sei vor allem „das Paar der Herben, Düstern" schuld, die beiden Brüder Schlegel, die, unfähig und eitel zugleich, mit ihrem kritischen Gegaukel den Sinn für echte Dichtung trübten.

So viel Berechtigung dieser grimmige Ausfall Grillparzers auch haben mochte, es verrät sich darin zuguterletzt doch nur das Bestreben, für das verhängnisvolle Versagen der eigenen Natur einen Sündenbock zu finden. Immerhin deutet gerade das — der Übergang von der Klage zur Anklage — auf ein gewisses Erstarken des

Selbstgefühls, und wenn irgend jemand, so war Bauern=
feld dazu geschaffen, die günstige Stimmung zu fördern.
Sein leichtblütiger Frohsinn erquickte, sein ungestümer
Drang, nach außen zu wirken und zu erobern, riß mit
sich fort. Der gemeinsame Haß aber gegen alles Niedrige
und im Dunkeln Schleichende brachte die beiden Männer
einander noch näher. Mit herzlicher Teilnahme be=
gleitete Grillparzer die raschen Erfolge seines jüngeren
Gefährten und half an dessen Lustspielen ratend, oft
auch bessernd mit. Die Jahre freilich kühlten das Ver=
hältnis merklich ab. Bauernfeld, leicht beweglich und
hitzig, wie er war, ärgerte sich oft weidlich über das
Schwerfällige, Eigensinnige und verletzend Schrullenhafte
in Grillparzers Natur, und dieser hinwiederum fand sich
mehr und mehr durch den „halb natürlichen, halb ge=
machten Leichtsinn" des Lustspieldichters entfremdet;
freundliche Schätzung hat er ihm trotz alledem immer
bewahrt.

Innerlich näher stand ihm ein anderer Wiener
Dichter: Ferdinand Raimund. Schon hatte „Der Bauer
als Millionär" das ungeheure Talent dieses schlichten
Mannes geoffenbart, und das Jahr 1828 sollte sein
Meisterstück bringen: „Alpenkönig und Menschenfeind".
Grillparzer hat nie geleugnet und früh erkannt, was die
Leopoldstädter Bühne für ihn selbst bedeutete; in der „Ahn=
frau" und im „Goldenen Vlies" klingt die märchenfrohe
Poesie des Vorstadttheaters, freilich unendlich veredelt,
laut oder leise an, und das Schauspiel „Der Traum
ein Leben", damals schon halb gestaltet, sollte sie zum
Gipfel führen; Heimatluft aber durchweht alle seine Werke.
In Raimund begrüßte er nun den Mann, der das wie=
nerische Volksstück aus dem tiefen Schmutz zur Reinheit,
aus der Burleske zum Humor, aus dem kläglichen Unsinn

zu wahrer Bedeutung emporhob. Himmelweit verschieden
an Bildung und in ganz verschiedenen Sphären wirkend,
waren sie doch eins in ihrem reinen Streben, und inmitten
einer epigonenhaften Zeit, die, unfähig zu gestalten,
körperlose Ideen für lebendigen Inhalt ausbot, hatten
sie sich die naive Anschauungskraft echter Künstlernaturen
bewahrt. Sie waren Zweige ein= und desselben Stammes.

Auch mit Zedlitz kam Grillparzer damals öfters in
Berührung, aber bei aller Anerkennung verhielt er sich
ihm gegenüber stets ziemlich kühl, ja später, als Zedlitz
in die Dienste Metternichs trat, setzte es wohl gar bissige
Epigramme wie z. B.

„Ein Abel mehr, um einen wen'ger wieder,
Was liegt nicht in der Möglichkeit Bereich!
Deinhardstein erhöht, Zedlitz erniedert,
So sind sie denn sich gleich.“

Das hinderte den Dichter übrigens nicht, Zedlitzens
„Waldfräulein“, das von einer dummen Kritik schändlich
behandelt worden war, eifrig in Schutz zu nehmen. Freilich ist diese Kritik Grillparzers, wie so vieles, was er für
die Öffentlichkeit bestimmt hatte, nicht erschienen.

Der Freundeskreis erweiterte sich allmählich. Friedrich
Witthauer, ein kenntnisreicher und durchaus rechtschaffener
Mann, seit 1835 Herausgeber der „Wiener Zeitschrift“,
der witzige, aber freilich seichte und liederliche Castelli, der
hochgebildete Michael Enk aus Mölk, der feinsinnige,
harmonisch abgeklärte Feuchtersleben u. a. schlossen sich
an, und zu Beginn der dreißiger Jahre kam es zur
Gründung eines förmlichen Klubs, der sich beim „Stern“
auf der Brandstätte zu versammeln pflegte. In Kalten-
bäcks „Blättern für Literatur, Kunst und Kritik“ hatte
die junge Vereinigung ein Organ, das neben anderen

löblichen Tendenzen auch der Abwehr gegen ein verlogenes
und dreistes Rezensententum dienen sollte. Sehr bald
sah sie sich auch in eine heftige Fehde mit einem Manne
hineingezogen, der eben damals nicht ohne Erfolg sich
anschickte, die öffentliche Meinung Wiens zu beherrschen,
mit Moritz Saphir. Vor kurzem erst war er nach mehr=
jährigem Aufenthalt in Berlin und München heimgekehrt
und trieb in der „Theaterzeitung" sein Unwesen. Seine
lyrischen Gedichte voll widerlicher Sentimentalität hatten
der albernen Masse imponiert, seine Frechheit im An=
griff galt für heldenhafte Kühnheit, sein schaler Wortwitz,
der so oft ins Zweideutige schillerte, erregte wieherndes
Gelächter. Wer das Reine besudelt und das wehrlos
Große verhöhnt, hat noch stets willige Horcher gefunden.
Als nun Saphir auf einen Artikel, den Bauernfeld in
den „Blättern für Literatur, Kunst und Kritik" veröffent=
licht hatte, mit wüsten Schmähungen erwiderte, da über=
wand Grillparzer seine Abneigung gegen alles Literaten=
gezänk und trumpfte den dumm=dreisten Journalisten in
einem Eingesendet ab. Freilich blieb er nicht bei Stiche,
und Saphir gewann die Partie; wenigstens behielt er
das letzte Wort. Grillparzer zog sich verekelt zurück,
heimlich aber schmiedete er furchtbare Epigramme gegen
Saphir, darunter das berühmte:

> „Der Teufel wollte einen Mörder schaffen
> Und nahm dazu den Stoff von jedem Tiere:
> Wolf, Fuchs und Schakal gaben her das Ihre;
> Nur eins vergaß der Ehrenmann: den Mut.
> Da drückt er ihm die Nase ein voll Wut
> Und rief: Lump, werd' ein Jud' und rezensiere!"

Kaum minder scharf ist ein anderes, das gleichfalls Saphir
zu betreffen scheint:

„Die Dichtkunst, sagt man oft und sagt es laut,
Sie sei ein treuer Spiegel dieses Lebens:
Wenn nun ein Affe in das Dichtwerk schaut,
Sucht er nach einem Sokrates vergebens."

So wohl nun Grillparzer der Verkehr mit gleich=
gesinnten Männern tun mochte, so fehlte es doch nicht
an Anlässen zu mehr oder minder heftigen Rückfällen
in die alte Verstimmung. Seine äußeren Verhältnisse
erfuhren eher eine Verschlimmerung als eine Besserung,
an den entscheidenden Stellen begegnete man ihm an=
dauernd mit Übelwollen, und zeitweise stellte sich, da die
Honorare spärlicher zu fließen begannen, sogar Geld=
mangel bei ihm ein. „Durch eine längere Reihe von
Jahren," seufzt er, „war ich gewohnt, aus dem Ertrag
meiner poetischen Arbeiten mit Geld, diesem Universal=
hebel, immer versehen zu sein, und nun, da er fehlt und
ich auf meinen Gehalt beschränkt bin, weiß ich oft nicht,
wie auslangen. Ich kann entbehren, ja es fällt mir leicht,
aber das Vorausberechnen und überlegen, das immer=
während Sich=bewußt=bleiben, daß man kein Geld habe
und sparen müsse, bin ich entwöhnt worden."

Auch Herzenskämpfe verstörten ihn bisweilen. Sein
Verhältnis zu Kati war noch lange nicht geklärt; immer
wieder gab es nach Zerwürfnissen jähe Anfälle von Ver=
liebtheit. „Mittags bei Fröhlich. Es erwachte, wie jedes=
mal nach jeder Versöhnung, eine Art Verlangen in mir,"
schreibt er noch am 11. Oktober 1832 in sein Tagebuch.
„Ich nahm sie auf den Schoß und liebkoste ihr; das
erstemal seit langer Zeit. Aber die Empfindung ist er=
loschen. Ich möchte sie gar zu gerne wieder anfachen, aber
es geht nicht. O, des Abstandes der früheren Zeit! Sie
ist verwelkt, wir sind beide älter geworden." Und etwa

vierzehn Tage später heißt es: „Die Neigung zu Lucien
(Kati) wieder einigermaßen erwacht. Ich wollte, es ließe
sich viel herstellen, wie es einmal war."

Marie Daffinger kreuzt auch manchmal seinen Weg.
Sie „läßt ihre Augen spielen", freilich ohne Erfolg;
denn Grillparzer „hütet sich einzutauchen". Daneben
locken, wenn auch flüchtig, andere Erscheinungen. „Jessika
(der Übername für Anna von Kurzrock, in deren Haus
Grillparzer und Bauernfeld viel verkehrten) — Jessika
besteht durchaus darauf, mich zu besuchen. Sie ist un=
vorsichtig wie alle Teufel," notiert der Zweiundvierzig=
jährige, und es scheint über diese Jessika sogar zu einem
Zwist mit Kati gekommen zu sein.

So wollten sich denn Ruhe und Friede noch immer
nicht einstellen, wenn auch die alte Heftigkeit allmählich
verbrauste.

Trotz alledem war gerade die Wende der zwanziger
und dreißiger Jahre die fruchtbarste Zeit Grillparzers.
Gleich nach der Aufführung von „Ein treuer Diener
seines Herrn" ging er an ein neues Werk, die Liebes=
tragödie „Des Meeres und der Liebe Wellen".
Der Stoff scheint schon 1819 seine Aufmerksamkeit erregt
zu haben, 1821 beschäftigte er ihn wieder, in der zweiten
Hälfte der zwanziger Jahre begann der Dichter daran
zu arbeiten, und kurz nach dem 25. Februar 1829 muß
das Manuskript vollendet worden sein. Im Gegensatz
zu anderen Werken Grillparzers ist dieses Drama, wie
schon Laube in seinem Nachwort berichtete, langsam und
stückweise entstanden. „Das erste Manuskript zeigt einen
ausführlich entworfenen Plan voll mannigfaltiger Fragen
und Antworten, voll Motivierungen der feinsten Art.
Dann folgen szenische Ausführungen, in raschester, kaum
noch leserlicher Schrift skizziert, und an diese reihen sich

wieder summarische Entwürfe." Aus diesen Vorarbeiten
ging das eigentliche Manuskript hervor, das der ersten
Aufführung zugrunde lag.

Der sanft=elegische Grundzug der Herosage mochte
Grillparzer, der sich selbst einmal mit vielem Nachdruck
einen elegischen Dichter nannte, besonders anziehen. „Die
Liebe soll hier allerdings innere Hindernisse gewalttätig
zu besiegen haben, aber kein brausender Wasserfall; ein
Bach, der durch Kiesel schäumt und gleich wieder hell
wird." So bezeichnet der Dichter den Charakter dieser
Liebestragödie. In der Tat ist sie weit heller gehalten,
als seine anderen Dramen, und man könnte sie fast ein
tragisches Idyll nennen. Die allmähliche Ausgestaltung
zeigt ein Vorschreiten von dem Verwickelten zum Ein=
fachen; was der erste Entwurf an bewegter äußerer Aktion
enthielt, das hat Grillparzer Stück um Stück beseitigt
und die Handlung ganz in das Innere der Personen ver=
legt. Und wie in den Vorgängen, so hat er auch in der
Diktion alles Heftige und Leidenschaftliche gedämpft und
zu ruhiger Klarheit besänftigt. Unermüdlich suchte er
nach dem schlichtesten Wort, nach einem einfachen, fast
liedmäßigen Ausdruck der Gefühle. Mit Absicht hat er
das lyrische Element so stark herausgearbeitet. Wer darin
ein Zeichen für den Mangel an dramatischem Gehalt des
Stückes erblickt, der vergißt, daß alles Drama zuletzt in
der Lyrik wurzelt.

„Des Meeres und der Liebe Wellen" ist das ein=
fachste unter allen Bühnenwerken Grillparzers, noch ein=
facher als „Sappho" und noch um einen Grad handlungs=
ärmer. Man hat das Stück darum oft getadelt, besonders
der vierte Akt erregte Bedenken. Auch Laube spricht ihm
dramatische Wirkung ab, weil er ganz auf ein langsames
Abwarten gestellt sei. „Das lähmt auf der Bühne immer

und ist gerade in einem vierten Afte schädlich, denn so nahe dem Schlusse des Stückes ist dramatischer Vorgang doppelt erforderlich." Wie in allen seinen Bemerkungen über Grillparzers Stücke kommt Laube auch hier über ein seichtes Gerede nicht hinaus. Was er sagt, ist die Ansicht eines Routiniers, nicht die eines Künstlers. Schon Grill= parzer selbst hat mit gutem Grunde darauf hingewiesen, daß in „Hero" ein gewisses Retardieren und Pausieren vor der Katastrophe durch den Zusammenhang geradezu zum Erfordernis werde. In der Tat ist Zögern, Nichtstun, Abwarten im dramatischen Sinne so gut eine Handlung wie jede andere und muß wie jede andere dargestellt werden können. Das ist denn hier dem Dichter auch vortrefflich gelungen. Äußerlich geht nichts vor, aber in der Seele Heros welches quellende Leben, welches Vorwärtsdrängen der Sehnsucht, welche Steigerung einer mühsam ver= haltenen Leidenschaft! Ein ganzes Frauenschicksal er= füllt sich da vor unseren Augen; Hoffen und Leiden, Er= warten und Bangen machen Hero eigentlich erst zum Weibe: sie hört auf, ein Wesen für sich zu sein, und lebt ganz nur in dem geliebten Manne. So kann man mit leichter Abänderung eines Wortes, das Grillparzer auf die Sappho angewendet hat, sagen, das Passivum an äußeren Vorgängen im vierten Akte der Hero=Tragödie sei, recht verstanden, ein dramatisches Aktivum. Nur müssen Dramaturg und Schauspielerin Einsicht genug besitzen, die Dehnung als solche herauszuarbeiten, und nicht, wie Laube das getan hat, mit allerhand kniffigen Mittelchen bemänteln zu wollen.

Wie in „Sappho", so folgte Grillparzer auch in „Des Meeres und der Liebe Wellen" den Spuren seines Ideals Goethe, und es ist wohl erklärlich, daß ihn gerade nach dem wildbewegten, oft sogar krassen Bancban eine

tiefe Sehnsucht nach abgeklärter und ruhiger Form er=
griff. Aber während der Dichter der „Sappho" dem
Vorbilde gegenüber seine eigene künstlerische Persönlichkeit
nicht immer durchzusetzen vermochte, blieb der Dichter
der „Hero" ganz er selbst. Nirgends geht in dem ruhigen
Fluß des Ganzen der unmittelbare Reiz des Einzelnen
unter, und in der klassischen Form drängt sich eine Fülle
von charakteristischem Detail, für das Grillparzer nach
seiner Gewohnheit manchen Zug dem Leben entlehnte.
Hero trägt die Züge Marie Daffingers, aber nicht mehr
als ihre Züge. Ihr „himmlisch schönes" Gesicht schwebte
dem Dichter vor, in ihrem Wesen war freilich nichts von
der Engelsreinheit Heros. Das Erwachen leidenschaft=
licher Liebe in einem unschuldigen Frauenherzen hatte
er dafür an Kati — scharf und sachlich genug — beobachtet.
Doch noch andere Eindrücke gesellten sich hinzu. So
bemerkt er auf dem ersten Entwurf: „Im dritten Akte
zu gebrauchen, wie damals Charlotte, als sie den ganzen
Abend wortkarger und kälter gewesen als sonst, in der
Haustür das Licht auf den Boden setzte und sagte: ich
muß mir die Arme freimachen, um dich zu küssen."

Bezeichnend wie dieser Zug ist alles in „Hero", be=
zeichnend sind sogar der liebmäßige Ausdruck und die
breiten Reden; denn sie passen gerade zu den Personen.
Darin bestand eben die große Kunst des Dichters, die
ruhige Form nicht bloß als eine künstlerische Schranke
gelten zu lassen, sondern sie zugleich zu einem charak=
teristischen Mittel der Darstellung zu machen. Darum be=
deutet „Des Meeres und der Liebe Wellen" vielleicht
den Höhepunkt seines Schaffens.

Trotzdem versichert Grillparzer, er habe „diesen herr=
lichen Stoff ohne die erforderliche Liebe" ausgeführt,
„mehr, um überhaupt etwas zu machen, als weil ein

innerer Drang gerade zu dieser Hervorbringung nötigte".
Und in der Tat, das Manuskript zeigt ja, wie mühselig
mit mancherlei Unterbrechungen er an dem Drama gearbeitet hat. Es machte sich eben schon bei „Hero" fühl-
bar, was er später von „Traum ein Leben" eingestand:
der Abscheu vor dem Geschaffenen, der sonst erst nach der
Aufführung eingetreten war, meldete sich nun bisweilen
schon während der Arbeit. Wohl gelang es Grillparzer
immer wieder durch ungeheure Konzentration, das Ab-
gerissene zu verknüpfen, aber eine Schöpfung aus e i n e m
Guß glückte ihm nicht mehr. Das Übel, das seinem
Schaffen von Anfang an gefährlich geworden war, fraß
weiter und weiter.

Am 5. April 1831 fand die Aufführung von „Des
Meeres und der Liebe Wellen" statt; sie brachte einen
entschiedenen Mißerfolg. Natürlich verhielt sich auch die
Kritik absprechend, und selbst ein so feiner Kopf wie
Feuchtersleben fand bei aller Achtung vor dem Dichter
an dem Stücke manches zu bemängeln. Besonders tadelte
er, daß es sich um eine bloß sinnliche Liebe handle, was
nicht genug tragisch sei.

Merkwürdigerweise war Grillparzer von dem Miß-
erfolge weniger betroffen, als man nach seiner Natur erwarten sollte — vielleicht weil ihn das Ringen mit dem
Stoffe abgestumpft hatte —, und sehr bald sehen wir
ihn mit einem neuen Werke beschäftigt. Wieder suchte
er einen längst vorbereiteten Entwurf hervor. Zwischen
„Ahnfrau" und „Sappho" hatte er den ersten Akt eines
Märchenspieles geschrieben, das er damals „Des Lebens
Schattenbilder" nannte. Verärgert hatte er die Arbeit
abgebrochen, jetzt kam sie ihm wieder in Erinnerung. Er
betrieb nämlich systematisch die Lektüre spanischer Dramen,
und jeden Morgen, den Gott vom Himmel gab, leisteten

ihm Lope und Calderon Gesellschaft. In ihren Werken
fand er manche Beziehungen, die ihm den halb vergessenen
Plan ins Gedächtnis riefen, und er schritt endlich an die
Ausführung.

„Der Traum ein Leben", wie er das Stück
nun in deutlicher Anlehnung an Calderon nannte, dieses
mit der reifen Kunst des Meisters vollendete Jugend=
werk, steht formell der „Ahnfrau" sehr nahe, nicht so=
wohl, weil es gleich dieser in spanischen Trochäen ge=
schrieben ist, als vielmehr in der Behandlung des Dialogs.
Hier wie dort ein breites, nur selten unterbrochenes Aus=
strömen der Rede, ein förmliches Schwelgen in Worten,
die mehr dazu dienen, das Charakteristische auszudrücken,
als es mit darstellen zu helfen. Daß das trochäische Vers=
maß dazu nicht unmittelbar den Anlaß gab, beweisen die
trochäischen Partien in der „Jüdin von Toledo", die
wesentlich anders gehalten sind.

Inhaltlich berührt sich das Märchenspiel am aller=
nächsten mit dem „Goldenen Vlies", obwohl auch in der
„Sappho" sich manches Verwandte findet. In beiden
Stücken bildet das Heraustreten aus den engsten Grenzen
des Ich den Ausgangspunkt aller Verwicklungen; das
Begehren an sich selbst, nicht bloß das böse Begehren, ist
etwas Gefährliches: es macht sich die innerste Natur des
Menschen dienstbar, macht ihn zum Sklaven seiner Wünsche
und Taten. Jason und Medea sehen am Ende aller Dinge
nicht nur ihr Glück, sondern ihr eigentliches Selbst, das
was sie ursprünglich waren, vernichtet; ganz ähnlich wird
Rustan in seinem Streben nach Ruhm von Schritt zu
Schritt in immer tiefere Schuld hinabgestoßen. Ein
Unterschied freilich besteht, doch nur äußerlich: im Trauer=
spiel ist die Vernichtung bittere Wirklichkeit, im Märchen=
spiel ist alles nur Traum, es folgt ein fröhliches Er=

wachen und friedliches Einlenken zu stiller Beschaulichkeit.
Die tiefschmerzlichen Worte Medeas aber:
„Was ist der Erde Glück? — Ein Schatten!
Was ist der Erde Ruhm? — Ein Traum!"
kehren, allerdings freundlicher gewendet, in Rustans Reue=
bekenntnis wieder:

„Breit' es aus mit deinen Strahlen,
Senk' es tief in jede Brust:
Eines nur ist Glück hienieden,
Eins: des Innern stiller Frieden
Und die schuldbefreite Brust.
Und die Größe ist gefährlich,
Und der Ruhm ein leeres Spiel.
Was er gibt, sind nicht'ge Schatten,
Was er nimmt, es ist so viel."

Mit erstaunlicher Kunst bewältigte Grillparzer das
Traummotiv. Es liegt Raffinement in der Art, wie er es
behandelt. Klar genug ist ja der Traum durch die sym=
bolische Erscheinung der beiden Genien angekündigt, aber
die folgenden, stürmisch bewegten Szenen lassen uns doch
im Zweifel, ob wir es mit einem Blendwerk der Phantasie
oder mit Wirklichkeit zu tun haben. Wir befinden uns
ihnen gegenüber selbst wie in einem bangen Traume. Die
wechselvolle Buntheit der Ereignisse, eingetaucht in eine
schwüle Märchenstimmung, die wahnsinnig hastende, sich
fast überstürzende Folge der wundervollsten Begebenheiten
lassen uns den Traum ahnen, und doch ist wieder alles
so klar, so unzweifelhaft folgerichtig, so bestimmt, daß
es erlebt scheint. Gerade darauf aber kommt es hier an,
daß die Zuseher im Zustande des Zweifels erhalten
bleiben: wenn sie die Traumszenen völlig für wirklich
hielten, müßte der Schluß — das Erwachen — als pein=

liche Überraschung wirken; wenn sie dagegen mit Ausschluß
jedes Zweifels wüßten, daß es sich um einen Traum
handelt, so würde der Ausgang nicht interessieren und
alle Wirkung einbüßen. Grillparzer hat mit seinem glück=
lichen Instinkt die richtige Mitte getroffen, und während
er in der charakterisierenden Belebung des Details lässiger
verfuhr als sonst in den Werken seiner Reise, hat er seine
ganze Kunst aufgewendet, das Charakteristische des Traums
herauszuarbeiten; ja gerade durch jenen Verzicht, wodurch
die Personen bisweilen etwas merkwürdig Schemenhaftes
bekommen, mochte er seinen Hauptzweck wirksam fördern.

Grillparzer übergab das Märchenspiel, oder wie er
es selbst ursprünglich mit deutlichem Hinweis auf
die Vorstadtbühne nannte: das Spektakelstück, seinem
Freunde Schreyvogel. Bedenklich war dieser vorsichtige
Mann einer kühnen Neuerung gegenüber immer; dies=
mal war er sonderbarerweise geradezu entsetzt, und so zog
der Dichter sein Drama zurück. Schreyvogel ist nicht
mehr in die Lage gekommen, ein Werk Grillparzers auf=
zuführen. Sein Verhältnis zu Czernin, von Anfang an
unerfreulich, hatte sich von Jahr zu Jahr verschlechtert; er
hatte unter der kenntnislosen und unverständigen Despotie
des Grafen schwer zu leiden. Solange Hofrat Mosel
als Direktor des Burgtheaters zwischen dem Dramaturgen
und dem Oberstkämmerer vermittelte, war ein Auskommen
immerhin möglich; als aber Mosel zum ersten Kustos der
Hofbibliothek ernannt wurde und Schreyvogel unmittel=
bar mit dem Grafen Czernin zu verhandeln hatte, wurde
seine Stellung unhaltbar. Es kam zu einem heftigen
Auftritte zwischen beiden Männern, und die Folge da=
von war, daß Schreyvogel unverzüglich entlassen wurde.
So brüsk verfuhr man hierbei, daß man dem Entlassenen
nicht einmal gestattete, einen vergessenen Regenschirm

aus dem Bureau abzuholen. Nicht lange sollte Schrey=
vogel die ihm widerfahrene Kränkung überleben; am
28. Juli 1832 raffte ihn die Cholera hinweg. Grill=
parzer verlor in ihm den Mann, der zu allen Zeiten
treu zu ihm gestanden war und unter den schwierig=
sten Verhältnissen die Werke seiner Dichtkunst beschützt
und gefördert hatte. Kenntnisreich und klug, ein Mann,
in dem sich theoretische Einsicht und praktische Erfahrung
vereinigte, war er trotz seiner manchmal zutage tretenden
Engherzigkeit der erste und letzte wirklich bedeutende
Dramaturg, den Wien aufzuweisen hatte. „Stand je=
mand Lessing nahe, so war es er," rühmte Grillparzer
in der Grabschrift von ihm. Für den Dichter war es ein
schwerer Verlust. Andere gesellten sich hinzu. Aus dem
Verbande des Burgtheaters schieden kurz nacheinander
drei Schauspielerinnen, die in der Darstellung Grillparzer=
scher Frauenrollen Unerreichtes geboten hatten: die
Schröder ging nach Deutschland, Sophie Müller starb,
Frau Korn aber zog sich vorzeitig von der Bühne zurück.
An die Stelle Schreyvogels wurde Deinhardstein be=
rufen, ein nicht unfähiger, aber träger, frivoler Mann,
ein immer lustiger Phäake, ohne Sinn für Ernstes und
Großes, dabei haltlos sich den Wünschen der Vorgesetzten
fügend. Im April 1835 wurde der Oberstküchenmeister
Landgraf Fürstenberg zum Direktor des Burgtheaters
ernannt, Deinhardstein verblieb in seiner Stellung als
Dramaturg, Graf Czernin aber wahrte sich die oberste
Leitung, bis er sich endlich nach etlichen Jahren zum
Rücktritte gezwungen sah. Fürstenberg war in den
Formen milder als Czernin, aber zu seinem Amte um
kein Haar tauglicher als dieser. Czernin hatte sich· ge=
äußert, die Herren Grillparzer und Bauernfeld seien Ge=
schmacksverderber, ihre Stücke taugten nichts, und Fürsten=

berg sagte in seiner Begrüßungsansprache an das Regie=
kollegium, freilich ohne Grillparzer ausdrücklich zu nennen:
„Die modernen Tragödien sind nichts als ungeheure
Sümpfe, welche man durchwaten muß, um endlich auf
eine kleine Oase zu stoßen, auf der einige liebliche Blumen
blühen. Und diese poetischen Blumen gleichen sich wie
nahe Blutsverwandte; der König pflückt sie wie der
Bettler, der Bösewicht wie der Tugendheld, der Niedrig=
geborene wie der Hochadelige. Von Charakteristik ist nir=
gends eine Spur. Darum ist es besser, man verwendet die
Gaben hiesiger Darsteller dort, wo sie am ausgezeichnetsten
sind — im Konversationsstück.“

So hatten sich die Verhältnisse an der Stätte, auf der
Grillparzer seine schönsten und wohl auch einzigen Lebens=
erfolge erblüht waren, in den letzten Jahren bedenklich
verschlimmert. Es konnte nicht fehlen, daß er durch
Zwischenträger von den ihn verletzenden Aussprüchen der
Theatergewaltigen erfuhr. Er rächte sich dafür durch
die beißende Satire „Bretterwelt“, die den aristo=
kratischen Leitern des Burgtheaters und dem gesinnungs=
losen Deinhardstein übel mitspielte; die famosen Dikta
der Herren sind in wörtlichen Zitaten geschickt in den
Text verwoben.

Die Berufung Deinhardsteins hatte insofern für Grill=
parzer eine günstige Folge, als der neue Direktor begierig
nach dem Drama „Der Traum ein Leben“ griff,
das Schreyvogel abgelehnt hatte. Es wurde am 4. Oktober
1834 aufgeführt und fand ungeheuren Beifall, gegen den
auch die boshafteste Kritik nicht anzukämpfen vermochte.
Aber wie gegen den Mißerfolg der Hero zeigte sich Grill=
parzer auch gegen den Erfolg seines jüngsten Dramas ab=
gestumpft. Merkwürdig genug begann er gerade in der
Zeit, in der er am eifrigsten schuf, gegen sein Schaffen

gleichgültig zu werden. Gleichgültigkeit ist schlimmer als
der Ekel, den er vorher nach dem Vollenden empfunden
hatte: es war dies ein weiterer Schritt auf dem Wege,
der zum völligen Verzichten führte.

Auch sonst brachte der Anfang der dreißiger Jahre
manches Unerfreuliche für den Dichter. Am 23. November
1831 hatte er sich, bisher noch immer Konzipist, in einem
äußerst energischen Gesuche um die Stelle eines Archiv=
direktors der Hofkammer beworben; am 23. Januar 1832
erfolgte die Bestallung. Eine Besserung seiner materiellen
Verhältnisse war damit nicht verbunden, ja der Übertritt
in ein Nebenamt bedeutete den Verzicht auf jede Be=
förderung. Allein Grillparzer griff danach, weil er in
dem neuen Amte unabhängig und den Schikanen übel=
wollender Vorgesetzten mehr als bisher entzogen war. Bis
zu seinem Übertritte in den Ruhestand blieb er denn
auch Archivdirektor; er verwaltete sein Amt gewissenhaft,
wenn auch in der Folge ohne Eifer: mehr oder minder
galt es ihm doch als Sinekure.

„Ich habe des Menschen Sohn um dreißig Silberlinge
verkauft,“ schrieb er in sein Tagebuch, als ihm die Er=
nennung mitgeteilt wurde. Schwerfällig und leicht ver=
stört, wie er war, machte ihm der neue Wirkungskreis,
das anfangs unerfreuliche Verhältnis zu seinen Unter=
gebenen viel Beschwerden. Fast ein Jahr brauchte er,
um sich einzuleben, und vor allem zog ihn das Amt
von der Dichtung ab, die ja nach der Vollendung von
„Traum ein Leben“ allgemach versiegte. „Diese letzten
neun Monate,“ schreibt er am 13. Oktober 1832, „ge=
hören unter die furchtbarsten meines Lebens. Es war
mir durchaus unmöglich, die seit zehn Jahren zum erstem=
mal wieder ernstlich betriebenen Amtsgeschäfte mit meinen
sonstigen inneren Beschäftigungen nur einigermaßen aus=

zugleichen, und die letzteren zogen sich darüber so ganz
zurück, daß ich mir selbst zum Grauen ward und der
Gedanke eines gewaltsamen Abschlusses einige Male ganz
nahe trat."

Eine Fatalität, die für uns fast einen Stich ins
Komische hat, für Grillparzer aber bitter ernst war, sollte
die üblen Erfahrungen, die er mit dem Hofe schon ge=
macht hatte, noch bereichern. Als gegen Ende 1832 der
Kronprinz Ferdinand von einer lebensgefährlichen Krank=
heit genesen war, feierte der Dichter dieses Ereignis in
einem überaus loyalen Gedichte, das mit folgenden
Strophen beginnt:

> Bist du genesen denn? Sei uns willkommen!
> Wir jubeln laut dir in Begeistrungsglut,
> Des Schatzes sicher, der uns halb genommen,
> Der Zukunft froh; denn du bist gut.
>
> Mag sein, daß höchster Geistesgaben Fülle
> Dereinst umleuchtet deinen Fürstenhut;
> Wir forschen nicht, was Zukunft erst enthülle,
> Des Einen sicher jetzt schon: daß du gut.
>
> Denn was der Mensch erringen mag und haben,
> Der Güte bleibt der höchste, letzte Preis!
> Der Gipfel sie und Inbegriff der Gaben,
> Das Einz'ge, was nicht altert, selbst im Greis.
>
> Die Weisheit irrt, Bedächt'ge trifft der Tadel,
> Die Tapferkeit erreicht nur, was ihr glückt,
> Doch Güte, Herr, gleicht der magnet'schen Nadel,
> Zeigt nach dem ew'gen Pol hin, unverrückt.

Diese Strophen wurden auf das schmählichste miß=
deutet, als habe Grillparzer durch den nachdrücklichen
Hinweis auf die Güte des Kronprinzen andeuten wollen,

daß ihm Gaben des Geistes mangelten: aus dem loyalen Glückwunsch wurde ein Pasquill. Hunderte von Abschriften des Gedichts, in das man boshafte Gedankenstriche, Frage- und Ausrufzeichen eingestreut hatte, wurden rasch verbreitet und erregten ungeheures Aufsehen. Der Zensor Rupprecht machte einen Gassenhauer darauf:

> „Bist du vernünftig denn? Will nichts mehr frommen?
> Es trauern alle Freund' um dich herum,
> Der Klugheit wegen, die dir ganz genommen,
> Der Zukunft bang, denn du bist dumm.“

Der Hof war empört, und besonders der Kronprinz ließ es sich nicht ausreden, daß Grillparzer ihn habe verhöhnen wollen. So war denn der Dichter recht übel daran. Die „Affäre mit dem Papste“ war im Laufe der Jahre einigermaßen vergessen worden; nun hatte sie in der „Affäre mit dem Kronprinzen“ eine höchst fatale Fortsetzung bekommen, und wieder zeigten sich dieselben Folgen: was in irgendwelcher Beziehung zum Hofe stand oder von ihm abhängig war, wendete sich mit gut gespielter Entrüstung von Grillparzer ab.

Zufälligerweise war er gerade damals um eine Gehaltszulage, die auch sein Amtsvorgänger bezogen hatte, eingekommen und mußte sich dem Kaiser in Audienz vorstellen. So verfehmt war er, und so allgemein war dies bekannt, daß das höfische Bedientenvolk vom Kammerherrn bis zum türhütenden Gardisten sich ein Hauptgaudium daraus machte, an dem auf Einlaß wartenden Dichter sein Mütchen zu kühlen. Der Monarch zeigte sich allerdings wider Erwarten gütig, allein die Gehaltszulage blieb aus, und als Grillparzer ein Jahr darauf sich um die eben freigewordene Stelle eines Direktors der Universitätsbibliothek bewarb, erfuhr er abermals eine Zurückweisung.

Unter diesen Verhältnissen traten Mißstimmungen wieder häufiger und häufiger auf, der Dichter klagt bitter über den völligen „Mangel an Applikation"; seine Schaffenslust versiegt, und nur die Umarbeitung von „Des Meeres und der Liebe Wellen" beschäftigt ihn noch. Das einzige, was ihn leidenschaftlich interessiert, ist Politik. Die Julirevolution begrüßt er mit Freuden, und unvorsichtig genug ereifert er sich darüber. „Heute morgen im Büreau mit Hofrat und Hoffekretär über die Ereignisse in Frankreich disputiert. In die aufbrausendste Hitze verfallen, den werten Vorgesetzten Grobheiten aller Art gesagt."

Schon damals ist er sich vollkommen klar darüber, wie die freiheitliche Bewegung auf Österreich zurückwirken müsse. „Die ganze Welt wird durch den neuen Umschwung sich erkräftigen," schreibt er, „nur Österreich wird daran zerfallen. Der schändliche Machiavellismus der Leiter, die, damit die Herrscherfamilie das einzige Staatsverband ausmacht, die wechselseitige Nationalabneigung der einzelnen Provinzen hegten und nährten, hat wieder die Schuld. Der Ungar haßt den Böhmen, dieser den Deutschen, und der Italiener sie alle zusammen, und wie widersinnig gekuppelte Pferde werden sie sich in alle Welt zerstreuen, wenn der fortschreitende Zeitgeist die Gewalt des klemmenden Joches schwächt oder bricht."

Am 2. März 1835 starb Kaiser Franz; Ferdinand folgte, und unter diesem schwachen Monarchen ging der Polizeistaat unaufhaltsam seiner Auflösung entgegen. Franz war, wie Grillparzer einmal sagt, kurzsichtig, aber mit einem scharfen Blick für das Nahe begabt; er verstand sich darauf, die Gegner des Absolutismus niederzuhalten. Auch flößte seine patriarchalische Gestalt Respekt ein und versöhnte einigermaßen mit dem harten Druck

der Regierung. Ferdinand entbehrte dieser Popularität.
Unter ihm verschärften sich die Verordnungen, aber sie
wurden noch lässiger gehandhabt als früher; überall be=
gann es zu gären. Schon hatte der Wiener Spaziergänger
seinen Weckruf erschallen lassen, andere folgten. Grill=
parzer haßte zwar das politische Lied, es war ihm ein
Greuel, weil damit die Politik ebenso wie die Poesie
zu Schaden käme. Auch hielt er sich für seine Person
streng an die Pflicht des Untertanen, die vor allem darin
bestand, zu gehorchen. Dennoch schien ihm die Freiheit
der Völker — freilich Freiheit in Ordnung — als das
einzige Mittel, „die Zeit zu reinigen und dem vor=
herrschenden Egoismus die Wage zu halten". Auch er
sehnte sich, nicht jetzt erst, aus der Finsternis nach dem
Lichte. Es wurde ihm eng in seinem Vaterlande, und
wieder einmal trieb's ihn in die Fremde, sich dort Er=
frischung zu holen. Frankreich und England wollte er
diesmal besuchen, die Länder, die jene Freiheit besaßen,
nach der das übrige Europa noch vergeblich seufzte.

Am 30. März 1836 trat er die Reise an und fuhr
fast ohne Aufenthalt nach Paris. Der erste Eindruck war
nicht eben bedeutend, aber bald überwältigte den Dichter
die Größe der Stadt, der breithinströmende Reichtum
bewegten Lebens. Zwei Dinge interessierten ihn vor
allem: die Politik und das Theater. Mit größtem Eifer
wohnte er den Sitzungen der französischen Kammern bei,
die ihn wegen der Gleichgültigkeit, mit der selbst wichtige
Gegenstände behandelt wurden, ein wenig enttäuschten.
Dennoch fühlte er sich erfreulich angeregt; nach seiner Ge=
wohnheit beobachtete er scharf und mit ruhiger Sachlich=
keit, wobei sich ihm immer wieder Vergleiche mit der
Heimat aufdrängten. Dem französischen Theater spendete
er reichliches Lob, besonders die Schauspieler, die im

leichteren Genre wirkten, gefielen ihm. Nur an der be=
rühmten Dejazet rügt er eine verletzende Gemeinheit.
„Es ist ein delabriertes Sichgehenlassen der Liederlich=
keit in ihr, das mich anwidert." Am wenigsten befriedigt
war er vom théâtre français; eine Tragödie von Racine
sah sich an „wie gewaschener Kattun". Mit der Künstler=
welt in Paris kam er nur wenig in Berührung, Begeg=
nungen mit Dumas und Rossini verliefen flüchtig und
ohne daß man einander näher kam. Freundlicher gestaltete
sich sein Verhältnis zu Meyerbeer, „dem wackeren Manne
mit den Künstleraugen", dessen Hugenotten eben damals
mit dem größten Beifalle gegeben wurden. Am inter=
essantesten aber waren ihm zwei deutsche Landsleute,
Börne und Heine. An dem ersteren achtete er ebenso die
ehrliche Überzeugung wie die verständige Klarheit des
Urteils, nur die übergroße Schärfe der Polemik schien
ihm übel angebracht. Auch Börnes ketzerische Ansichten
über Goethe forderten seinen Widerspruch heraus, aber
er sah wohl, wie dieser seltsame Haß im Grunde
nur dem „sogenannten Aristokratismus" Goethes galt.
Wenig erbaut war er von den Resugiés, die er
bei Börne traf, und als dieser ihn zu einem Mittag=
mahle einlud, lehnte er vorsichtig ab, „weil ein Besuch
schon Stoff genug für einen Gesandtschaftsbericht sei, ein
Mittagmahl aber gar, und noch dazu in solcher Gesell=
schaft, ohne Zweifel die Zahl der sieben Todsünden um
eine achte vermehren würde." Mit Heine verbrachte er
eine heitere Stunde im lebhaftesten Austausch der Ge=
danken. So völlig verschieden die beiden Männer ihrem
Charakter nach waren — der eine schwerblütig, in den
bedenklichsten Verhältnissen fast pedantisch seinen Grund=
sätzen treu, der andere leicht, frivol und nichts weniger
als ein Held der Überzeugung — echte Dichternaturen

waren sie doch beide, Naturen, in denen das Bild der
Welt, ungebrochen durch das Medium der Reflexion, sich
spiegelte. Auch gute Hasser waren sie und scharfe Be-
urteiler, und sie begegneten sich in der Verachtung der zeitgenössischen Literatur, deren aufgedunsene Nichtigkeit sie
anwiderte. Grillparzer war von Heine entzückt; nicht einmal an der liederlichen Grisettenwirtschaft, in der er ihn
traf, nahm er Ärgernis. „Mir ist Leichtsinn nur da
zuwider," meint er, „wo er die Ausführung dessen, was
man soll, hindert."

Wohler als in Paris, fühlte er sich in London, wo
er nicht so sehr durch gesellschaftliche Verpflichtungen in
der freien Verfügung über seine Zeit gehemmt war. Sehr
erfreulich aber war es für ihn, alte Bekannte zu treffen,
den Wiener Großhändler Figdor und seinen Sohn, die
sich eben damals in der Themsestadt aufhielten und dem
Dichter als liebenswürdige Führer in jeder Weise gefällig
wurden. Mächtiges Staunen ergriff ihn, als er auf seinen
Streifzügen durch London die großartigen Leistungen
englischer Technik kennen lernte. Die herrlichen Brücken,
die gewaltigen Docks, die fabelhaft schnell arbeitenden
Dampfpressen imponierten ihm nicht wenig, und mit ver-
wundertem Kopfschütteln besichtigte er die Arbeiten an dem
damals noch im Bau befindlichen Themsetunnel; er zwei-
felte, ob das Riesenwerk auch je vollendet würde! Für
seine bescheidenen Wiener Begriffe war das kaum denkbar.
Mit Bewunderung erfüllte ihn die Westminsterabtei, freilich nicht etwa wegen der Schönheit ihrer Monumente.
„Kaum eines dieser Denkmäler ist schön zu nennen, aber
alle zusammen, was machen sie für einen Eindruck! Und
das ist nicht tot, wie die Geschichte Deutschlands, sondern
lebt im gegenwärtigen Leben, in noch bestehenden In-
stitutionen. Wahrlich, das Land hat eine Geschichte, wir

haben nur Kuriositäten und Begebenheiten." Feiertags=
stimmung aber überkommt ihn im Britischen Museum
beim Anblick der „Elginschen Marmore". Vor diesen Resten
griechischer Herrlichkeit verschwindet die lärmende Gegen=
wart. „Alles zerstört," ruft er schmerzlich aus, „aber
überall Spuren einer Schönheit, die man mit keinem
Dampfapparat herstellen und mit ihren höchsten Erzeug=
nissen nicht aufwiegen kann. Die Gruppe der drei Schick=
salsgöttinnen, die Theseusbildsäule, die Metopen, die
Friesen. Nicht Riesen=, Götterwerke. Was mag das ge=
wesen sein!" Natürlich interessierte er sich wieder lebhaft
für Politik und Theater. Über dieses ist er voll des Lobes.
Während in Paris eigentlich nur die Boulevardpossen auf
der Höhe stünden, sei in London alles vortrefflich; aller=
dings zeichne sich auch hier das Lustspiel besonders aus.
Von den englischen Schauspielern rühmt er, sie hätten
etwas Festes, auf sich Beruhendes, Männliches, was
außerordentlich wohltue. Ähnlich schildert er die Männer
der Politik. Das Haus der Gemeinen macht einen tiefen
Eindruck auf ihn, und bei allen Schwierigkeiten, die sich
dem Verständnis des gesprochenen Worts entgegenstellen,
wird er doch nicht müde, den Verhandlungen zu lauschen.
Er bewundert die leidenschaftliche Beredsamkeit eines
Sheil, den er eine Flamme nennt, eines O'Connel; aber
auch die ruhige Überlegenheit Robert Peels imponiert
ihm. Vor allem jedoch wirkt auf ihn das Gesamtgepräge
des Hauses: der feierliche Ernst, der doch einen sehr
temperamentvollen Eifer der Beratungen keineswegs aus=
schließt, die Sachlichkeit, mit der alle Redekämpfe aus=
gefochten werden, das fast dramatische Aufeinanderprallen
der Parteien. Er fühlte in dem Hause wirklich etwas wie
den Herzschlag eines Volkes, und mit neidischer Bewunde=
rung rief er aus: „Die Engländer mögen nur ruhig sein.

Sie kennen die andern Nationen vielleicht nicht genug, um ganz zu wissen, wie allmächtig sie sind. Wenn sie einmal ernsthaft wollen, wird alles vor ihnen zerstäuben, wie selbst Napoleon zerstäubte."

Am 16. Juni verließ er London; er unterbrach die Rückreise an mehreren Orten, ohne jedoch irgendwo sich besonders angezogen zu fühlen. In Stuttgart traf er mit Uhland zusammen, und bei einer Flasche guten Weines führten die beiden ein erbauliches Gespräch bis in die Nacht hinein. Grillparzer gedenkt mit Wärme des ehrlichen Schwaben, den er den einzigen echt lyrischen Dichter jener Zeit nannte.

In München wartete seiner eine aufregende Nachricht: sein Bruder Karl, Zollbeamter in Salzburg, hatte sich eigenmächtig aus dem Amt entfernt, Weib und Kind verlassen und sich in Wien, wohin er gewandert war, eines an einem Handwerksburschen verübten Mordes bezichtigt. Das peinliche Aufsehen, das der Fall erregte, bereitete dem Dichter bittere Stunden. Er war überzeugt, daß sein Bruder nur in einem Anfalle vorübergehender Sinnesstörung gehandelt habe, und so verhielt es sich auch; trotzdem kostete es schwere Mühe, die Sache auszugleichen, und Grillparzer konnte nicht verhindern, daß sein ehrlicher Name allen Klatschmäulern der Stadt Beschäftigung gab. Neuerdings war er auch an das verhängnisvolle Erbübel seiner Familie gemahnt worden; rührend ist es, wie er den Behörden und wohl auch sich selbst nachzuweisen sucht, daß sein Bruder nicht wirklich wahnsinnig, sondern nur einer augenblicklichen Verwirrung erlegen sei. Endlich hatten seine Bemühungen Erfolg.

Unter so erschwerenden Umständen ging er, um seine Gedanken von den Sorgen des Alltags abzulenken, an eine neue Arbeit. Noch dazu galt es diesmal ein Lust-

spiel, die Komödie „Weh dem, der lügt." Aus der
Chronik des Bischofs Gregor von Tours zog er den Stoff,
und aus dem trockenen Bericht, der der Komik kaum Ge=
legenheit bot, einzusetzen, spann er eine heiter=bunte Fabel,
erfüllt vom freiesten Humor. Sie beginnt allerdings mit
einem beinahe feierlichen Ernste: mit der Mahnung Gre=
gors, nur keinen Fingerbreit von der Wahrheit abzu=
weichen. Aber gerade, daß ein so lustiger und listiger Bursche
wie Leon zum Hüter dieser ernsten Weisheit bestellt wird,
macht die Komik aus. Ergötzlich ist es, zu sehen, wie er
sich die Sache in seiner Art zurechtlegt und — sonst
nicht an allzugroße Bedenklichkeit gewöhnt — nach einem
erträglichen Kompromiß zwischen seinen Lebensmaximen
und dem verpfändeten Worte sucht. Er steigert seine an=
geborne Fröhlichkeit bewußt zur ausgelassenen Unver=
schämtheit und kündigt alles, was er tun will, in einer
Weise an, daß niemand daran glaubt: kurz, er lügt mit
der Wahrheit. Im entscheidenden Augenblicke freilich fällt
es ihm schwer aufs Herz, daß er damit wohl nicht ganz
den Sinn des frommen Bischofs getroffen; vor die drin=
gende Gefahr gestellt, gibt es kein Deuteln und Mäkeln
mehr, nur freche Lüge oder offene Wahrheit. Mutig
entscheidet er sich für diese, und gerade das bringt den
Sieg. So lenkt die Komik wieder zum Ernste zurück, von
dem sie ausgegangen war. Aber es ist ein heiterer Ernst,
ein Ernst, dem das Lächeln wohl ansteht, in seinen Wur=
zeln genährt von fröhlicher Lebensbejahung.

In der Charakteristik der Personen ist Grillparzer
wie im „Treuen Diener" so auch in seinem Lustspiele bis
zur äußersten Grenze gegangen. Kattwald und mehr noch
Galomir streifen bisweilen an die Karikatur, ohne ihr
freilich jemals zu verfallen. Gewiß hat die persönliche
Abneigung des Dichters gegen das „unsinnige" und „bar=

barische" altdeutsche Wesen, wie es mit den Romantikern
heraufgekommen war, die Zeichnung um einige Tinten
greller gefärbt; vor Geschmacklosigkeit aber bewahrte ihn
sein sicherer Takt. Er hat nicht viel mehr getan, als was
die Anlage des Stückes unbedingt erfordert. Galomir
zumal — und darauf wies der Dichter selbst mit Nach=
druck hin — muß geradezu vertiert sein, wenn wir die
Flucht Edrithas entschuldigen sollen.

Manche Kritiker haben sich an dem Ernst des Stückes
gestoßen, der das komische Element nicht recht zur Gel=
tung kommen lasse. Laube besonders spricht „Weh dem,
der lügt" die echten Lustspiel=Eigenschaften ab. Unglaub=
lich seicht wie immer urteilt er auch hier. Wer in dem
Lustspiel nichts anderes als oberflächliche Spaßmacherei
und die bunte Drolligkeit verwickelter Situationen gelten
läßt, wer das Belustigende der Charaktere nur aus ihren
komischen Attributen zu erkennen vermag, der muß frei=
lich von dem Lustspielwerte der Grillparzerschen Komödie
gering denken. Wer aber weiß, daß Tragik und Komik in
ihrem tiefsten Wesen verschwistert sind, wer sich klar ge=
macht hat, daß die Komik ausschließlich auf der freien
Überlegenheit beruht, mit der uns die Personen in ihrer
menschlichen Befangenheit gezeigt werden, der wird in
„Weh dem, der lügt" wohl eines der wenigen wirklichen
Lustspiele erblicken, auf die wir Deutschen stolz sein dürfen.
Mit vollem Recht hat Sauer hervorgehoben, daß eine feine
Märchenstimmung über dem Stücke liege, das darin an die
Lustspiele Shakespeares erinnert; der Schein wird nir=
gends zur Täuschung, und so lebendig alles in dem Stücke
zugeht, der Reiz des freien S p i e l e s geht darüber nicht
verloren.

Daß Grillparzer sein Lustspiel erst geschrieben, nach=
dem er Frankreich und England besucht, ist kein Zufall.

Dort hat er Menschen gesehen, die frei und fröhlich sich mit dem Leben herumschlugen, wie sein Leon. Gewiß, er mußte nicht erst in die Fremde gehen, um solche Charaktere zu entdecken, aber Anregung und Frische hat er sich dort geholt. Zu den anderen Figuren freilich bot die Heimat hinreichende Auswahl von Vorbildern. In Kattwald lebte jener wunderliche Graf Seillern wieder auf, von dessen Leidenschaft fürs Essen Grillparzer so Drolliges zu erzählen weiß, in Attalus sein Neffe, der ehemalige Zögling des Dichters.

Daß der hohe Adel dergestalt übel wegkam, wurde dem Stücke gefährlich; bei der Aufführung — am 6. März 1838 — kam es fast zu einem Skandal, die Aristokraten verließen, türezuschlagend, ihre Logen, der Ausdruck des Mißfallens war allgemein und rücksichtslos. Ungeschickte Besetzung der Rollen hatte zu dem Durchfalle redlich beigetragen. Natürlich fiel auch die Kritik über den Dichter her, und vor allem Saphir bedachte ihn mit einer ebenso schalen als gemeinen Satire, in der angeberisch auf die ungebührliche Gesinnung, die das Stück verrate, hingedeutet wurde. Dieser Niedertracht gegenüber verhielten sich die wenigen Wohlmeinenden vorsichtig und lau; auch sie erkannten den Wert der Dichtung nicht.

Grillparzer versuchte anfänglich, das hart mitgenommene Werk zu verteidigen, aber bald verstummte er. Im Jahre 1840 ließ er „Hero", „Traum ein Leben" und „Weh dem, der lügt" drucken; das sollte sein Abschied vom Publikum sein.

X

Allmähliches Altern und Tod

Was Grillparzer im Unmut über die Ablehnung seines Lustspieles sich vorgenommen hatte, das sollten die kommenden Jahre leider erfüllen; außer einer Novelle und gelegentlichen Kleinigkeiten ließ er nichts mehr an die Öffentlichkeit gelangen. Die prächtige Szene „Hannibal und Scipio" — nur irrtümlich als Fragment bezeichnet, weil eine Ausarbeitung kaum je in der Absicht des Dichters lag — war schon 1838 in dem „Album zum Besten der Verunglückten in Pesth=Ofen" erschienen.

Wohl schuf Grillparzer in heimlicher Stube noch an manchem Werk, wohl gelang es ihm, noch drei Dramen zu vollenden, aber vor der Welt hielt er sie sorgsam verborgen. Gewiß nicht bloß darum, weil er dem Publikum grollte, sondern weil er im tiefsten fühlte, daß keines mehr zu der Höhe seiner Meisterwerke hinanreichte. Das hoch=flammende Feuer der Schaffenslust, das ihn einst beseelte, war in sich zusammengesunken, und nur spärlich noch wärmte die Glut unter den Kohlen. An fremdem Feuer mußte er sich entzünden, wenn er wirklich warm werden wollte. Lope de Vega, den er seit 1824 las, wurde ihm zu einem unzertrennlichen Begleiter, seine Werke zu einer heiligen Schrift, die er täglich aufschlug, um sich daran zu erbauen. Lope de Vega ist denn auch den letzten drei

Dramen Grillparzers zu Paten gestanden. Langsam, im Verlaufe vieler Jahre, mit immer wiederkehrenden Unterbrechungen entstanden „Libussa“, „Ein Bruderzwist in Habsburg“ und „Die Jüdin von Toledo“. Was der Dichter an „Traum ein Leben“ beklagt, daß die Abneigung gegen das eigene Werk sich schon während der Arbeit einstellte, das gilt in erhöhtem Maße auch von ihnen, und sie alle tragen deutliche Spuren davon. Am wenigsten ist davon noch die „Jüdin von Toledo“ berührt, obwohl auch durch dieses Werk ein Bruch geht: nicht so sehr, als ob der Schluß, wie manche behaupten, an sich unorganisch wäre, der Dichter hat nur nicht recht verstanden, ihn dem Gefühl glaubhaft zu machen; ein ungeglaubter Dichter jedoch, so sagt er selbst, ist schon verloren.

Die Stoffe, die den drei Dramen zu Grunde liegen, hatten ihn schon als jungen Mann gereizt. „Bruderzwist“ und „Jüdin von Toledo“ gehen auf das Jahr 1824 zurück, „Libussa“ gar auf das Jahr 1819, wenn nicht noch weiter. Vollendet wurden alle drei Tragödien an der Wende der vierziger und fünfziger Jahre, um welche Zeit in Grillparzer sich wieder — das letzte Mal — Spuren größerer Fruchtbarkeit regten. Auch dieses Periodische seines Hervorbringens ist ja bezeichnend für ihn.

„Libussa“ behandelt einen Stoff, der mit dem der „Sappho“ nahe verwandt ist: das Schicksal des Auserwählten, der sich selbst und seiner höheren Bestimmung untreu wird, um unter Menschen menschliche Freuden zu genießen.

> „Wer seinem innern Wesen widerspricht,
> Der ist gezwungen, ob durch sich, durch andre.
> Glaubst du, Libussa sei Libussa noch
> Als Ordnerin des Hauses, als die Herrin

Von Mägden, die die laute Spindel drehn?
Hat darum Krokus, unser hoher Herr,
Sich einer göttergleichen Frau vermählt,
Daß seine Töchter mit gemeiner Sorge,
Mit engem Treiben um ein nichts bemüht?
Sie fühlt es nicht, allein ihr Wesen fühlt's."

So bezeichnet Wlasta treffend die Tragik Libussas. Das
Weib in ihr hat die Seherin überwunden, die Herrscherin;
sie hat ein Glück gesucht, das ihrem innern Wesen wider=
sprach. Zuletzt freilich sehnt sie sich nach dem zurück, was
sie gewesen, wie denn kein Mensch sich selbst ganz verlieren
kann, wenigstens in Gedanken nicht; aber die Kraft reicht
nicht mehr hin, das Verlorene zurückzuerobern. Untilg=
bares liegt dazwischen. Ein letztes Aufraffen bringt ihr
freilich die Sehergabe zurück, aber auch den Tod. So
wenig wie in „Sappho" dürfen wir in „Libussa" etwa
bloß die Tragödie eines außerordentlichen Men=
schen erblicken. Der symbolische Gehalt echter Dichtungen
füllt weite Kreise; wir haben es mit der Tragödie zu tun,
die jeder Mensch erlebt, der sein besseres Teil um das Glück
der Welt hingibt.

Leider verknüpft sich mit diesem Motiv ein anderes,
das zwar wohl sachlich, d. h. nach dem Zusammenhang
der Ereignisse, nicht aber seiner Bedeutung nach organisch
eingegliedert ist: das Motiv von den Gegensätzen zwischen
Mann und Weib. Grillparzer ist der Ansicht, daß das
weibliche Geschlecht auch in seinen begabtesten Vertrete=
rinnen von dem männlichen in der Ausdauer und Beharr=
lichkeit auf dem Entschlusse übertroffen werde, und so
beugt sich denn Libussa, anfangs heftig widerstrebend,
endlich aber willig vor der festen, in sich beruhenden
Männlichkeit Primislaus'. Dieses Motiv beherrscht den
ganzen Mittelteil des Stückes und lenkt unseren Blick auf

lange Zeit von dem Hauptmotive ab; am Schlusse merken wir freilich, daß es Voraussetzung der Katastrophe ist, aber das kommt zu spät; wir haben die tragische Wendung nicht klar genug vorausgesehen. So herrlich die einzelnen Teile sind, es fehlt an der nötigen Einheit, und das wird dem Drama verhängnisvoll.

Der Plan zum „Bruderzwist" tauchte zum ersten Male auf, als sich Grillparzer mit „Ottokars Glück und Ende" beschäftigte. Umfassende historische Studien halfen den ungeheuren und fast zerfließenden Stoff bewältigen. In die Person Rudolfs II. aber hat der Dichter mehr als in irgend eine andere seiner dramatischen Figuren von seinem eigensten, geheimsten Selbst hineingelegt. Wie jener war er in eine haltlos schwankende Zeit hineingestellt und sah bekümmerten Herzens das feste Gefüge des Staates zerbröckeln, wie jener sehnte er sich im Innersten nach einer neuen Zeit und fürchtete sie doch, weil er wußte, daß sie greuelvoll den Untergang nur beschleunigen müsse. In diesem Zwiespalt wurde sein Wille gebrochen, weltflüchtig zog er sich zurück, ein Sonderling, der aus seiner stillen Gelehrtenstube mißmutig den Lauf der Welt betrachtet. Wie Rudolf ist er verkannt, geschmäht, verfolgt, und wie Rudolf den Fluch über Prag ausspricht, aber reuig wieder zurücknimmt, so verwünscht auch er seine Vaterstadt, um sie gleich darauf wieder als liebender Sohn zu segnen. Bis in Einzelheiten, bis in ihre Sonderlingsmanieren hinein gleichen sich Dichter und Geschöpf. Dieselbe Schweigsamkeit, dieselben Lieblingsinterjektionen, die statt der Worte gelten sollen, dasselbe jähzornige Auffahren und kindische Stampfen mit den Füßen, ja sogar dieselbe Vorliebe für Lope. Rudolf ist vielleicht die vollendetste Gestalt, die Grillparzer je gelungen ist, von einer Fülle und unheimlichen Wahrheit, der sich kaum etwas vergleichen läßt. Aber obwohl sie alle anderen Figuren des Dramas zurückdrängt, vermag sie dieses doch nicht eigentlich zusammenzuhalten. In „Ottokar" stand der Habsburger dem Böhmenkönig Mann gegen Mann gegenüber, und dieser Gegensatz bildete einen festen Kern, um den sich alle Vorgänge natürlich gruppierten. Rudolf dagegen hat kein solches Gegenspiel, oder vielmehr, es ist auf viele Personen verteilt, die durchaus keine Einheit bilden. Die feindlichen Erzherzöge könnten immerhin als solche gelten, allein die böhmischen Stände drängen nicht minder als sie den Kaiser, Katholiken und Protestanten bekämpfen ihn, obgleich untereinander habernd. Das eigentliche Gegenspiel aber bildet Wallenstein, der Repräsentant der kommenden, starken Zeit; aber just er greift gar nicht in die Geschicke des Kaisers ein. So sieht sich dieser einem dunklen Gewoge der widerstreitendsten Bestrebungen gegenüber, und die Folge davon ist, daß das Drama in eine Menge von Episoden zu zerfallen scheint. Sachlich sind die Einzelvorgänge auch hier wie in „Libussa" untadelig verbunden, aber es mangelt die feste Form, die sie zusammenschlösse.

Mehr noch als in „Libussa" und im „Bruderzwist", die Lope außer der allgemeinen Anregung doch nur einzelne Züge zu verdanken haben, folgte Grillparzer in der „Jüdin" den Spuren des spanischen Dramatikers. Bei ihm holte er sich den Stoff; die Handlung, die er in „Las pazes de los Reyes y Judica de Toledo" vorfand, hat er in Umrissen und Hauptzügen beibehalten, auch im einzelnen manches entlehnt. Aber mit Glück suchte er bei alledem seine Unabhängigkeit gegenüber dem Vorbilde zu behaupten. Vor allem übersetzte er das Stück sozusagen aus dem Katholischen ins allgemein Menschliche. Damit war er gezwungen, dem Drama einen neuen Schluß zu

geben. Die verſöhnende Macht des Gebetes, die bei dem
Spanier alles endigt, konnte ihm nicht mehr genügen;
aus dem ſittlichen Bewußtſein mußte wie die Reue ſo auch
die Verzeihung hervorgehen. Man hat den Schluß oft
hart und grauſam geſcholten; er iſt es nicht, er iſt natür=
lich, im höchſten Grade ſittlich. Alfons, noch als halbes
Kind mit einer ihm gleichgültigen Frau vermählt und
jahrelang neben ihr dahinlebend, ohne je zu erfahren,
was Liebe ſei, wird plötzlich von dem lebendigen Reiz einer
ſprühenden Natur beſiegt. Die freilich unbewußte Koket=
terie Rahels hält er für naives Sich=hingeben, und die
prickelnde Anmut ihres aus hundert Widerſprüchen zu=
ſammengeſetzten Weſens entflammt ihn zu heißer Leiden=
ſchaft. Vor ihrer Leiche wird er bekehrt, muß er bekehrt
werden. Ihr Reiz beſtand eben in dem lebendigen Wechſel=
ſpiel pikanter Gegenſätze, das Leben iſt nun erloſchen,
der Reiz verflogen, feindlich ſtreitet in dem ſtarren Ge=
ſichte Zug mit Zug. Da erkennt Alfons ſeinen Irrtum,
und mit Ekel erfüllt ihn, was ihn vor kurzem noch ſo
ſüß beſtrickt hatte. Derlei Umkehr war dem Dichter ſelbſt
nicht fremd, wenn auch nicht erſt durch den Tod der Ge=
liebten bewirkt. Aber wie oft ſahen wir ihn von einem
Weibe, das er angebetet, ſich ſchaudernd abwenden, ſobald
er das Zuſammengeſetzte des ſcheinbar Einheitlichen in
ihrem Charakter erkannt hatte und der lebendige Reiz vor
ſeinen Blicken zerſtoben war. In Rahel mag ihm Marie
Daffinger vorgeſchwebt haben; wie ſie iſt ja die Jüdin
halb Kind, halb Teufel. Der Schluß iſt alſo vollkommen
natürlich, und nichts, was natürlich iſt, ſollte verletzen.
Aber der Dichter hat, wie geſagt, verſäumt, die Übergänge,
die in den Charakteren wohl berechtigt ſind, auch unſerem
Empfinden faßbar zu machen, und daran krankt der
Schluß. Immerhin iſt die „Jüdin“ unter den Spätwerken

Grillparzers das vollendetste, und in der charakte=
ristischen Behandlung des Wortes ist er vielleicht nie so
weit gegangen wie hier. Beispiellos ist die Kühnheit, mit
der er den alten Isaak eine Sprache reden läßt, die deut=
lich an das Judendeutsch gemahnt, ohne freilich jemals
die Grenzen der Schriftsprache zu überschreiten. Die
größte Kunst besteht eben darin, trotz der scharfen Diffe=
renzierung des Einzelnen dennoch die Einheitlichkeit des
Tones nicht zu verletzen.

Früher noch als diese Tragödien dürfte das Frag=
ment „Esther" entstanden sein, etwa um 1840. Hier
zeigt sich Grillparzer noch auf der Höhe seiner Kraft.
Großartig ist die Gewalt der Konzentration, durch welche
die fast überquellende Fülle des Einzelnen gebändigt wird.
Welch ein Reichtum, welch lebendige Wahrheit in den
Charakteren, welch ungeheure Wucht in der Exposition,
welche fortreißende Stimmung in der Entwicklung, die in
der Liebesszene zum Gipfel emporsteigt! Aber das Stück
ist leider Fragment geblieben: aus äußeren Gründen,
sagt Grillparzer; doch scheint es fast, daß er sich darin
selbst täuschte. Eine jener damals nicht mehr seltenen
Unterbrechungen mag eingetreten sein, und später ver=
mochte er wohl nicht mehr anzuknüpfen. In Szenen=
führung und Charakterzeichnung weist übrigens auch
„Esther" auf Grillparzers Schutzpatron Lope hin.

Von all diesen Werken erhielt die Öffentlichkeit nur
spärliche Kunde. Bekannt wurden nur das Vorspiel zu
„Libussa" und das Fragment „Esther"; jenes wurde 1840
zum Besten der Barmherzigen Schwestern aufgeführt,
dieses erschien 1863 in Emil Kuhs „Dichterbuch aus Öster=
reich" und kam fünf Jahre später — am 28. April 1868
— auf die Bühne des Burgtheaters.

Zum nicht geringen Staunen der literarischen Welt

brachte Majláths „Iris" im Herbste 1847 eine Novelle
des sonst beharrlich schweigenden Grillparzer. „Der
arme Spielmann" war sie betitelt. Das Original
hatte der Dichter in dem Gasthause „Zum Jägerhorn", in
dem er zu speisen pflegte, kennen gelernt; aber er teilte
der dürftigen Figur Blut von seinem Blute mit. Wie
der Spielmann als Knabe, ein Armer im Geiste, den
Unwillen seines Vaters erregte, so hat auch Dr. Wenzel
Grillparzer an dem träumerischen, unpraktischen Wesen
und den, wie es ihm schien, unverständigen Neigungen
seines Sohnes Anstoß genommen. Wenn jener die Glücks=
güter, die ihm in den Schoß gefallen, aus Mangel an
Weltkenntnis wieder aus den Händen gab, so darf man
wohl daran erinnern, daß auch der Dichter manche günstige
Gelegenheit, die sich ihm bot, durch Ungeschick und linkische
Scheu verscherzte. Ähnliche Stimmungen, wie sie der
Spielmann erlebt, der nach hochfliegenden Künstler=
träumen endlich seine Unzulänglichkeit erkennen muß, hat
auch Grillparzer durchgemacht, freilich nur, weil er mit
ungerechter Strenge über sich urteilte, und beiden bleibt
zuletzt nur ein Trost: die Musik; ja weniger noch: die
sinnliche Freude am Ton. Vortrefflich hat es Grill=
parzer — lange vor den Modernen — in seiner Novelle
verstanden, unseren Blick dem scheinbar Unbedeutenden
zuzuwenden. Die prächtige Schilderung des Kirchtags
in der Brigittenau beweist übrigens, wie unrecht der
Dichter hatte, an seinem Erzählertalente zu zweifeln.

In scheuer Zurückgezogenheit schuf er all diese Werke,
aber von seiner einsamen Stube aus beobachtete er scharf=
äugig das Leben um sich her. Mehr und mehr gewöhnte
er sich daran, seine oft verbitterten, aber immer schlagen=
den Urteile über Zeitereignisse und Zeitgenossen in die
prägnante Form des Epigramms zu fassen. Hunderte

solcher Stachelverse hat er im Laufe der Jahre achtlos
auf das nächste Blatt Papier hingekritzelt. In seinem
Nachlasse sind sie gefunden worden. Unausgefeilt, spröd
und eigensinnig in der Form, gehören sie doch zu dem
Genialsten, was in dieser Gattung je geschaffen worden ist.

Je mehr Grillparzers dichterische Tätigkeit versiegte,
desto umfassender wurde seine Lektüre. Erstaunlich ist,
was er in sich aufgenommen hat. Es gibt kaum ein
Wissensgebiet, dem sich sein Interesse nicht zugewendet
hätte; selbst ihm fernerliegende Gegenstände, wie die
Naturwissenschaften, lockten ihn gelegentlich an. Vor allem
beschäftigte er sich natürlich mit Geschichte, Philosophie
und Literatur. Wie kein anderer war er bestrebt, sich das
gesamte Wissen seiner Zeit anzueignen, und in dieser
Vielseitigkeit seiner geistigen Interessen steht er Goethe
nahe.

Sehr gering denkt er von der zeitgenössischen Dich=
tung. Das junge Deutschland kam in seinem Urteile um
kein Haar besser weg, als seinerzeit die Romantiker. Das
eitle und anspruchsvolle Unvermögen der jungdeutschen
Literatoren ist ihm ein Gegenstand des Spottes, ihre sinn=
los lärmenden Phrasen widern ihn an. Auch von Hebbel,
mit dem er sich übrigens in die Verachtung des jungen
Deutschlands teilte, fühlte er sich heftig abgestoßen; von
„Judith und Holofernes“ sagt er, es sei der Idee nach
das Geistvollste, aber der Ausführung nach das Fratzen=
hafteste, was man sich denken könne, und mit den Jahren
besserte sich sein Urteil nicht. Ärgerlich zählte er Hebbel
immer zu den Vertretern der „Begriffspoesie“, die ihm
zuwider war. In Anastasius Grün achtete er den Men=
schen, von seiner dichterischen Begabung dachte er nicht
eben hoch. Mehr Respekt flößte ihm das lyrische Talent
Lenaus ein, von dem er — übrigens vorsichtig genug —

sagte, es streife manchmal ans Bedeutende. Halm dagegen
schätzte er als Menschen wie als Dichter gering. Seine
besondere Verachtung galt aber dem ekelhaften Treiben
der Journalisten. Er, der doch mit der ehrlichsten Be=
geisterung und mit einem Können ohnegleichen jeden Tag
seines Lebens dem wahren Fortschritt des menschlichen
Geistes diente, erblickte in den Zeitungen geradezu eine
Gefahr für die gesunde Entwicklung, und von glühendem
Hasse zeugt sein Gedicht: „Der Henker hole die
Journale".

> „Der Henker hole die Journale,
> Sie sind das Brandmal unsrer neuen Welt,
> Der ekle Abhub von dem Wissenmahle,
> Der, für die Viehmast, in die Zuber fällt.
> — — — — — — — — — — —
> — — — — — — — — — — —
>
> In einer Stunde wirst du zum Gelehrten,
> Nur freilich in der andern wieder dumm;
> Denn von der richt'gen Ansicht zur verkehrten
> Schwingt sich der Pendel immer wechselnd um.
>
> Du brauchst nicht mehr zu wissen, noch zu denken,
> Ein Tagblatt denkt für dich nach deiner Wahl.
> Die Weisheit, statt zu kaufen, steht zu schenken,
> Zu kaufen brauchst du nichts als das Journal.
>
> Nun erst die Köche dieser Sudelküche,
> Der Täter gibt der Tat erst ihren Fluch;
> Noch ärger als der Speisen Qualmgerüche
> Steht der Verfert'ger selber im Geruch.
>
> Schon in der Schule bildet sich die Rasse,
> Es schreibt da, wer zu lernen nicht versteht,
> Bis endlich eine dritte Fortgangsklasse
> Sich als Beruf zeigt und als Musaget."

Während so in seinen vier Wänden eine Fülle leben=
diger Beziehungen sich drängte, floß sein äußeres Dasein
ruhig und gleichmäßig dahin. Nur bei seltenen Anlässen
trat er in die Öffentlichkeit, so als man am 6. Dezember
1841 zu Ehren Mozarts, der vor fünfzig Jahren gestorben
war, ein Bankett veranstaltete. Wo es seinen Liebling zu
feiern galt, wollte er nicht zurückbleiben, und er überwand
seine Scheu so weit, daß er sogar einen Trinkspruch
auf Mozart ausbrachte. Sein herrliches Gedicht „Zu
Mozarts Feier“ war für die Denkmalsenthüllung
in Salzburg bestimmt, kam aber zu spät und wurde dann
in einer Zeitschrift veröffentlicht.

> Mit Raffael, dem Maler der Madonnen,
> Steht er . . ., ein gleichgescharter Cherub,
> Der Ausdruck und der Hüter wahrer Kunst,
> In der der Himmel sich vermählt der Erde,

rühmt er von Mozart, und er fährt fort:

> Nennt ihr ihn groß? er war es durch die Grenze;
> Was er getan, und was er sich versagt,
> Wiegt gleich schwer in der Wage seines Ruhms.
> Weil nie er mehr gewollt, als Menschen sollen,
> Tönt auch ein Muß aus allem, was er schuf,
> Und lieber schien er kleiner, als er war,
> Als sich zum Ungetümen anzuschwellen.
> Das Reich der Kunst ist eine zweite Welt,
> Doch wesenhaft und wirklich wie die erste,
> Und alles Wirkliche gehorcht dem Maß.

Das war sein künstlerisches Glaubensbekenntnis; nach
dem edlen Maße, das sich in den Schöpfungen Mozarts
verkörperte, hat er selbst unablässig gerungen.

Ein andermal — am 15. Januar 1844 — kam der Einsiedler zum Vorschein, als die Schriftsteller Wiens, L. A. Frankl an der Spitze, es geraten fanden, ihm zu Ehren ein Bankett zu geben, weil er nicht wie Liszt, Kopitar und Manzoni — den preußischen Orden pour le mérite bekommen hatte. Die demokratischen Herren waren darüber höchlich entrüstet. Grillparzer, der sich der albernen Feier nicht entziehen konnte, ärgerte sich im stillen.

Im selben Jahre sollte er übrigens daran erinnert werden, daß die Zeit der Zurücksetzungen für ihn noch nicht vorüber sei. Als Hofrat Mosel starb, bewarb sich Grillparzer um die erledigte Stelle eines Direktors der Hofbibliothek; sie wurde zwar nicht ihm, sondern dem Slavisten Kopitar verliehen, aber vor dem wissenschaftlichen Verdienste dieses Mannes trat der Dichter willig zurück. Da jedoch Kopitar schon im August seinem Amtsvorgänger in den Tod nachfolgte und Grillparzer sich abermals bewarb, war er überzeugt, diesmal könne ihm niemand den Rang ablaufen. Dennoch wurde ihm der Baron Münch-Bellinghausen (Halm) vorgezogen, den zwar keinerlei wissenschaftliches Verdienst, wohl aber seine Baronie und einflußreiche Protektoren empfahlen. Am Weihnachtsabende wurde Grillparzer das Gesuch zurückgestellt; das war die letzte, aber auch die bitterste Kränkung, die ihm im Amte widerfuhr. Er hat sie nur schwer verwunden.

Dafür wurde er 1847, als die Akademie der Wissenschaften gegründet wurde, zu deren Mitglied ernannt. Zuerst gewillt, frostig abzulehnen, nahm er doch endlich kopfschüttelnd an. Höhnisch meinte er, die Akademie verdanke ihre Entstehung den galizischen Bauern; Metternich habe durch ihre Gründung die Blicke der Welt von den Revolten in Galizien ablenken wollen. Im Auftrage der

Akademie, die von ihren Mitgliedern eine ausführliche Darstellung ihres Werdeganges verlangt, schrieb der Dichter 1853 seine ausgezeichnete, freilich in Einzelheiten, besonders in Zeitangaben nicht immer verläßliche Selbst= biographie, die leider nur bis zum Jahre 1836 reicht.

Außer diesen Ereignissen brachten nur zwei Reisen einige Abwechslung in das einförmige Leben Grillparzers. Im September 1843 trat er eine Reise nach der Türkei und Griechenland an, die ihm aber durch den Aufstand in Athen arg verleidet wurde. Vier Jahre später reiste er in Begleitung seines Mündels Wilhelm Bogner nach Berlin und Hamburg, ohne daß sich jedoch bedeutendere Beziehungen ergeben hätten.

Die etwas mürrische Idylle, in der Grillparzers Leben hinfloß, wurde durch die aufregenden Vorfälle des Jahres 1848 gestört. Der Dichter hatte die Zeichen der Zeit längst verstanden, aber wie sehr er in seinem Inner= sten und laut mit Worten den erniedrigenden Druck des Polizeistaates verwünschte, vor einer gewaltsamen Um= wälzung schreckte er doch zurück; nicht weil er sie für un= gerechtfertigt hielt, sondern weil er in ihr eine schwere Gefahr für Österreich erblickte, das bei dem Mangel an Zusammenhalt der Teile Erschütterungen nicht ertrüge. In seinen „Erinnerungen aus dem Jahre 1848" meint er, der Monarchie hätten durch ruhiges Abwarten die nötigen Reformen auf eine völlig gefahrlose Weise zuteil werden müssen. „Preußen befand sich durch frühere Versprechungen, durch die unvorsichtigen Redeübungen des Königs, durch seine Stellung in der Mitte der all= seitigen Bewegung in der notgedrungenen Lage, dem, was die Zeit begehrte, nicht länger widerstehen zu können. Hörte aber Preußen auf, ein absoluter Staat zu sein, so mußte Österreich entweder aus dem deutschen Bunde aus=

scheiden oder seinen Völkern Zugeständnisse machen, die,
so gering sie gewesen wären, oder vielmehr gerade weil
sie gering waren, den glücklichen Anfang zu einer fort=
schreitenden, dem Bildungsgrade der Nation angemessenen
Entwickelung dargeboten hätten. . . . . Preußen hat alles,
was Österreich fehlt, um eine solche Bewegung ohne nach=
haltigen Schaden zu bestehen. Ein kompakter Staat, die
Einwohner zusammengehörig und jedem Trennungs=
wunsche fremd, die innere Verwaltung nur geringer Ver=
besserung bedürftig. So wie Frankreich aus allen inneren
Stürmen als das einige und mächtige Frankreich hervor=
gegangen ist, dürfte auch Preußen ähnliche, ohne Zweifel
viel geringere Schicksalsprüfungen ungefährdet überstan=
den haben."

Daß Grillparzer nicht erst post festum so dachte,
beweist eine Tagebuchstelle aus dem Jahre 1836, die ganz
ähnliche Gedanken ausspricht. Zu solchen Betrachtungen
kam der Grimm über die Erbärmlichkeit der österreichischen
Bewegung, die nicht durch die Not der Massen, sondern
durch die Eitelkeit einiger Schriftsteller hervorgerufen sei.
Heldenmut und ehrliche Gesinnung, die sich da und dort
zeigten, konnten für die ideenarme Nachäfferei einer
großen Sache nicht entschädigen. Immerhin stand der
Dichter anfänglich der Entwicklung der Dinge nicht
gerade feindselig gegenüber, und noch nach den März=
ereignissen hoffte er auf vernünftige Mäßigung, ohne
freilich vom Herzen daran zu glauben. In dem Hymnus
„An mein Vaterland", der am 1. April in der
„Konstitutionellen Donauzeitung" erschien, mahnte er seine
Landsleute, nicht dem Schmeichellaut ihr Ohr zu leihen,
nicht da und dort in die Schule zu gehen, „wo Falsch und
Wahr und Schlimm und Gut sie längst auf Formeln
brachten — wo selbst die Freiheit, die zur Zeit hinjauchzt

in tausend Stimmen, halb großgesäugt von Eitelkeit und
von der Lust am Schlimmen"; er mahnt sie, in drang=
voller Zeit „gesund natürlichen Verstand und richtiges
Empfinden" zu bewahren.

Aber da kam die Flucht des Hofes, Pillersdorfs Kopf=
losigkeit schlug dem Fasse den Boden aus, und Grillparzer
sah den Zerfall Österreichs unmittelbar drohen. In der
Armee allein erblickte er das Band, das noch zu einigen
vermöchte, und am 8. Juni ließ er seinen Ruf an den
„Feldmarschall Radetzky" erschallen.

„Glück auf, mein Feldherr, und führe den Streich!
Nicht bloß um des Ruhmes Schimmer,
In deinem Lager ist Österreich,
Wir andern sind einzelne Trümmer.

Aus Torheit und aus Eitelkeit
Sind wir in uns zerfallen;
In denen, die du führst zum Streit,
Lebt noch ein Geist in allen.

— — — — — — — —

— — — — — — — —

Die Gott als Slav' und Magyaren schuf,
Sie streiten um Worte nicht hämisch,
Sie folgen, ob deutsch auch der Feldherrnruf,
Denn: Vorwärts! ist ungarisch und böhmisch.

Gemeinsame Hilf' in gemeinsamer Not
Hat Reiche und Staaten gegründet;
Der Mensch ist ein einsamer nur im Tod,
Doch Leben und Streben verbündet.

Wär' uns ein Beispiel dein ruhmvoller Krieg,
Wir reichten uns freudig die Hände;
Im Anschluß von allen liegt der Sieg,
Im Glück eines jeden das Ende."

14*

Das Gedicht erregte ungeheures Aufsehen; mit schlagender
Kraft sagte es, was Österreich not tat. Grillparzer war
nun in den hohen Kreisen auf einmal sehr beliebt, die
Radikalen allerdings schalten ihn einen Reaktionär. Er
kümmerte sich um das eine so wenig wie um das andere;
er gehörte keiner Partei an und war, was die wenigsten
sind, ein selbständig denkender Mensch. Sein Mahnruf
verhallte wirkungslos, die Dinge nahmen ihren Lauf.
Der Dichter zog sich nach Baden zurück. Die Greuel der
Revolution erschütterten ihn, die Auflösung des Kremsierer
Reichstages und die oktroyierte Verfassung vom 4. März
fanden als ein erwünschtes Einlenken zur Ordnung seine
Billigung. Wie er in der Kunst nach dem schönen Maße
strebte, so waren ihm im Staate Gesetz und Ordnung
heilig, und sie nach so viel unheilvoller Verwirrung her=
zustellen, schien ihm geradezu eine Forderung der Sitt=
lichkeit. Ohne Liebedienerei, aber auch ohne Furcht vor
der Menge sprach er seine Ansicht aus.

Seine Loyalität aber fand nun die gebührende An=
erkennung. Am 15. Mai 1849 verlieh ihm der junge
Kaiser Franz Josef das Ritterkreuz des Leopoldordens,
am 5. Mai 1850 überbrachten ihm Minister Schwarzen=
berg und General Heß den Ehrensäbel, den die dankbare
italienische Armee gespendet hatte, zugleich mit einem
Handschreiben des Feldmarschalls Radetzky. Diesen Heer=
führer, der ihn einem Bankette zuzog, lernte er auch
persönlich kennen; merkwürdig genug schwächte sich dabei
seine Begeisterung merklich ab, und er meinte, Radetzky
sei wohl ein Schlaukopf, aber kein echter Mensch.

Die Reaktion der fünfziger Jahre trug er zähne=
knirschend, aber geduldig; nur ganz im geheimen schmie=
dete er bissige Epigramme auf das System und die Macht=
haber. Auch er atmete denn erleichtert auf, als endlich

die Konstitution gewährt wurde. Am 18. April 1861 wurde er als lebenslängliches Mitglied ins Herrenhaus berufen, eine Auszeichnung, die er mit Freude annahm. Anfänglich wohnte er den Sitzungen eifrig bei, zunehmendes Alter und Kränklichkeit verhinderten ihn aber mehr und mehr daran. Als es jedoch 1868 im Verlaufe der Konkordatsdebatte zur entscheidenden Abstimmung kam, da erschien er, von Anastasius Grün geleitet, im Herrenhause und gab seine Stimme für die Freiheit ab. Die begeisterte Bevölkerung Wiens brachte ihm eine Ovation dar, die keiner Verabredung bedurfte.

Die Lostrennung Österreichs von Deutschland, eine Folge des Krieges von 1866, war für sein patriotisches Empfinden ein harter Schlag. Nicht ohne Teilnahme, aber doch ein wenig mürrisch nach seiner Art nahm er die Ereignisse von 1870 auf; zwar gönnte er den deutschen Waffen von ganzem Herzen Sieg und Ruhm, aber der Österreicher in ihm war doch noch stärker als der Deutsche, und er fürchtete Bismarcks angebliche Eroberungsgelüste.

Seit 1849 lebte er bei den Schwestern Fröhlich, die ihm freundlich das Haus bereiteten. Da weilte er Herbst, Winter und Frühling über. Im Sommer ging er nach seiner Gewohnheit, teils zur Erholung, teils wirklich zur zur Kur, in ein Bad. Besonders in den steirischen Bädern Rohitsch, Römerbad, Tüffer und Neuhaus fand er sich gern ein; auch Baden wurde wiederholt aufgesucht. Weniger dagegen behagte es ihm in Sliacz und Teplitz.

Das Jahr 1856 brachte seine Pensionierung, wobei ihm der Hofratstitel verliehen wurde.

„Dichter zu belohnen,
Sind Orden und Titel
Die besten Mittel:

Für Fiktionen —
Jllusionen."

schmält er in einem Epigramme, und in einem überaus
drastischen Gesuche bittet er um Einrechnung von Per=
sonalzulage und Quartiergeld in das Ruhegehalt, was
ihm denn auch bewilligt wurde.

Immer weniger konnte nun das Leben der Außenwelt
an ihn herankommen, und wenn er je einmal sich unter
die Menge mischte, so trieb ihn die Sehnsucht in seine
stille Klause zurück. Von dem Schillerbankette, das 1859
mit großem Pomp im Sophiensaale gegeben wurde, drückte
er sich ärgerlich, weil man die Feier für den großen
Dichter zu politischen Demonstrationen benutzt hatte.

Eine Genugtuung jedoch sollte ihm noch in spätem
Alter zuteil werden. Laube, der das Burgtheater unter
den Oberstkämmerern Graf Lanckoronski und Fürst Vin=
zenz Auersperg von 1849 bis 1867 als artistischer Direktor
leitete, ging systematisch daran, die halb oder ganz ver=
gessenen Dramen Grillparzers dem Spielplane wieder
einzufügen. Der Versuch glückte über alle Erwartung.
Die Stücke, einst so stiefmütterlich behandelt und jetzt wie
neue Schöpfungen wirkend, eroberten das Wiener Publi=
kum. Auch in Deutschland begann man sich des Dichters
zu erinnern, obschon es hier noch lange brauchte, bis sein
Verdienst anerkannt wurde. Für Grillparzer war es eine
späte Freude, erheben konnte sie ihn nicht mehr; auch
ließ er sich nicht bewegen, die zurückgehaltenen Dramen
herauszugeben.

Im Jahre 1863 tat er während seines Aufenthaltes
in Römerbad einen gefährlichen Sturz, der ihm die Be=
sinnung raubte. Die Schwestern Fröhlich eilten zur Pflege
herbei, rührend gütig bemühten sie sich um ihn und

brachten ihn auch endlich wieder auf die Beine. Aber von
dem Sturz war außer einer großen Erregbarkeit der
Kopfnerven auch eine empfindliche Schwächung des Ge=
hörs zurückgeblieben, und in seinen letzten Lebensjahren
mußte der Dichter der einzigen Erquickung entbehren, die
ihm noch geblieben war: der Musik; sie erschien ihm nur
mehr als widerliches Geräusch. Auch sein Augenlicht nahm
bedenklich ab, aber da war Kati, seine getreue Helferin,
zur Hand; sie las ihm aus französischen und italienischen
Autoren vor.

Sein achtzigster Geburtstag traf ihn zwar als ge=
brechlichen Mann, aber noch bei leiblicher Gesundheit.
Er wurde als ein Festtag des deutschen Volkes begangen.
Kaiser Franz Josef übersandte ihm das Großkreuz des
Franz=Josefsordens, von weit und breit kamen Deputa=
tionen und Glückwünsche. Wehmütig ließ der Greis die
lärmende Feier über sich ergehen. „Der hundertste Teil
von dem, was sie mir jetzt wohlwollend antun, hätte mich
in meinen jungen Jahren vollauf erquickt," seufzte er,
„und mich zu neuer dichterischer Arbeit aufgemuntert,
die mir zur Ehre, dem österreichischen Volke zur Freude
gereicht hätte. Es sind jetzt doch nur die letzten Gnaden=
stöße, die man mir versetzt." Unter alle den Huldigungen
von hoch und niedrig rührte ihn am meisten jene der
preußischen Königin Augusta Viktoria, die ihren Glück=
wunsch als „Tochter Weimars" darbrachte.

Am 16. Januar 1872 erkrankte er, und die Ärzte
erkannten sofort die Gefahr; aber er fügte sich ihren An=
ordnungen nicht. Noch am 21. Januar stand er gegen ihr
ausdrückliches Verbot auf; er war so schwach, daß ihm
Kati beim Ankleiden behilflich sein mußte. Müde streckte
er sich in den Lehnstuhl hin. Um 1½ Uhr, während die
Schwestern Fröhlich und sein Neffe Dr. Sonnleithner im

Nebenzimmer weilten, um den Schlafenden nicht zu stören, tat er einen leichten Seufzer, und die Herbeieilenden fanden einen Toten. Sein Scheiden war sanfter als sein Leben.

Mit größten Ehren wurde er bestattet. Aber Grill=parzer, der Dichter, war schon lange vor Grillparzer, dem Menschen, gestorben. In den rüstigsten Mannes= jahren war seine Kraft versiegt, hatte sich sein Dichter= mund geschlossen. Er selbst war geneigt, sein frühes Verstummen den elenden Verhältnissen Österreichs zuzu= schreiben, und andere haben es ihm nachgesagt. Kein Zweifel, daß die bitteren Erfahrungen, die er zu kosten bekam, ihn entmutigen mußten; aber der Kräftige stärkt seine Kraft im Widerstande. Die Ursachen seines vor= zeitigen Versagens lagen in ihm selbst, in der unseligen Zwiespältigkeit seines Wesens, die ihn von dem Taumel der Begeisterung in den tiefsten Abgrund des Ekels warf. Schon am halbreifen Jüngling konnten wir sehen, wie seine Natur nach jeder gewaltsamen Anspannung und Steigerung von Geist und Gemüt gleichsam in ihre Ele= mente zerfiel, und Schritt um Schritt konnten wir das Umsichgreifen des Übels verfolgen. In „Traum ein Leben" erfolgte der Rückschlag schon während des Schaffens, und von da an konnte sich der Dichter immer weniger dieser furchtbaren Hemmungen erwehren, bis er ihnen endlich völlig erlag. Dazu kam, daß er — eben wieder in der Zwiespältigkeit seiner Veranlagung — von sich immer anderes wollte, als er zu geben vermochte. Sein Urteil verwies auf Goethe und Schiller als die untrüg= lichen Leitsterne, sein Herz aber gehörte den Spaniern, die seinem österreichischen Wesen viel näher standen; grollend maß er das Geschaffene an der Kunst Weimars und fand es nichtig. Sicherlich hätten günstige Umstände den Ver=

fall seiner Dichterkraft aufhalten, hinausschieben können. Nicht nur seine Feinde vergällten ihm sein Wirken, auch seine Freunde waren wie gegen ihn verschworen; Aufmunterung hätte er gebraucht, Befeuerung, Weckung seines Selbstvertrauens, sie gaben ihm aber Kritik, davon er selbst schon zuviel besaß. So förderten die Verhältnisse wohl sein qualvolles Verlechzen als Dichter, aber zu Grunde gegangen ist er an dem unheilvollen und unheilbaren Bruch, der durch sein ganzes Wesen ging.

Konnte er so auch nicht den ganzen Reichtum heben, der auf dem Grunde seiner Seele lag: was er uns geboten, dünkt uns, die wir empfangen, noch immer ein königlicher, köstlicher Schatz. — —

Die Schwestern Fröhlich sind ihm bald im Tode gefolgt: als die erste Pepi — am 7. März 1878; Kati — am 3. März 1879 — als die zweite; am 30. Juni desselben Jahres Betty, und Netti, die älteste, als die letzte, am 11. März 1880. Treu haben sie die Schätze seines geistigen Erbes gehütet und eine wohltätige Stiftung zu seinem Andenken errichtet. Ihr Name wird in dem Gedächtnis der Nachwelt auf immer mit jenem des Dichters vereint bleiben.

Bibliographie

Grillparzers Werke. Gesamtausgabe, besorgt von August Sauer. 5. Aufl. 20 Bände. Stuttgart 1894. Mit einer vortrefflichen Einleitung. Eine vollkommen verläßliche Datierung der Werke, besonders der lyrischen Gedichte war nicht immer möglich. Zur Lebensgeschichte des Dichters vergleiche seine Selbstbiographie (XIX), die freilich im einzelnen manche Irrtümer enthält und seine Beziehungen zu Frauen leider gänzlich übergeht. Ferner sind auch die Reise-Tagebücher zu vergleichen. Die Gedichte sind nach dieser Ausgabe zitiert, nur vereinzelt wurden ältere Fassungen herangezogen.

Grillparzers Briefe und Tagebücher. Gesammelt und mit Anmerkungen herausgegeben von Karl Glossy und August Sauer. 2 Bände. Stuttgart. Ein vorzügliches Werk; die Anmerkungen geben reiche und genaue Aufschlüsse über Grillparzers Zeitgenossen. Zur Ergänzung sind Band I u. II des „Jahrbuches" heranzuziehen.

Grillparzers Ansichten über Litteratur, Bühne und Leben. Aus Unterredungen mit A. Foglar. 2. Aufl. Stuttgart 1891.

Littrow = Bischoff, Auguste von. Aus dem persönlichen Verkehre mit Franz Grillparzer. Wien 1873.

Foglar und Littrow bieten willkommene Ergänzungen zu Grillparzers „Studien", welche die Bände XIV bis XVIII füllen, daneben auch Nachrichten über dichterische Pläne 2c. Natürlich ist all das mit einer gewissen Vorsicht aufzunehmen.

Castelli, Memoiren meines Lebens. 4 Bände. Wien und Prag 1861. Breit, geschwätzig, aber doch mit interessanten Aufschlüssen über den Dichter und Zeitverhältnisse.

Costenoble, Aus dem Burgtheater. Tagebuchblätter. 2 Bände. Wien 1889. Costenoble ist ein guter Beobachter; seine Tagebücher bilden eine vortreffliche Schilderung des Wiener Theaterlebens in den Jahren 1818—1837.

Pichler, Karoline. Denkwürdigkeiten aus meinem Leben. 4 Bände. Wien 1894. Von den Denkwürdigkeiten dieser klugen, etwas nüchternen Frau gilt so ziemlich dasselbe wie von Castellis Memoiren.

Schreyvogel, Tagebücher 1810—1823. Mit Vorwort, Einleitung und Anmerkungen herausgegeben von Karl Glossy. 2 Bände. Berlin 1903. Konnte für das vorliegende Buch nicht mehr benutzt werden.

———

Jahrbuch der Grillparzer-Gesellschaft, redigiert von Karl Glossy. 13 Jahrgänge. Wien 1891—1903. Vorzüglich redigiert, enthält das Jahrbuch das reichste Material zur Lebensgeschichte des Dichters. Neben wichtigen Quellenschriften, von denen besonders Bauernfelds Tagebücher und Kati Fröhlichs Briefe aus Italien hervorzuheben sind, bringt es zahlreiche Monographien über den Dichter selbst, seine Zeitgenossen und Zeitverhältnisse.

———

Ehrhard, Franz Grillparzer. Sein Leben und seine Werke. Deutsche Ausgabe von Moritz Necker. München 1902. Das Hauptgewicht liegt auf der ästhetischen Würdigung von Grillparzers Werken.

Faulhammer, Franz Grillparzer. Eine biographische Studie. Graz 1884. Etwas trocken, in Einzelheiten von der neuern Forschung überholt, aber im ganzen doch als ein verständiges und reichhaltiges Buch zu empfehlen.

Lange, Franz Grillparzer. Sein Leben, Dichten und
Denken. Gütersloh 1894.

Laube, Franz Grillparzers Lebensgeschichte. Stuttgart 1884. Übergeht die Jugendzeit fast vollständig,
beschäftigt sich vorwiegend mit den Dramen Grillparzers,
bringt aber wertvolle Auszüge aus den noch geheim ge-
haltenen Tagebüchern des Dichters.

Mahrenholtz, Franz Grillparzer. Sein Leben und
Schaffen. Leipzig 1890.

———

Farinelli, Grillparzer und Lope de Vega. Berlin 1894.

— Grillparzer und Raimund. Leipzig 1897.

Frankl, Zur Biographie Franz Grillparzers. Wien
1883.

Lichtenheld, Grillparzer-Studien Wien 1891.

Müller-Guttenbrunn, Franz Grillparzer. Wien 1891.

— Im Jahrhundert Grillparzers. Wien 1892.

Reich, Grillparzers Kunstphilosophie. Leipzig 1890.

— Grillparzers Dramen. Dresden 1894.

Rizy, Wiener Grillparzer-Album. Als Handschrift ge-
druckt. Wien 1877.

Sauer, Aus dem alten Österreich. Als Handschrift ge-
druckt. Prag 1895.

Scherer, Zum Gedächtnis Franz Grillparzers. Wien
1872.

Volkelt, Franz Grillparzer als Dichter des Tragischen. Nördlingen 1888.

Wolf, Grillparzer als Archivdirektor. Wien 1874.

———

Register.

15*

Theil 192.
Sliacz 213.
Smolenitz, Marie von (siehe Daffinger)
„Sommernachtstraum" 55.
Sonnenfels 11. 13.
Sonnleithner, Familie 3. 127. 129.
　Dr. Christof 3.
　Franz 4.
　Josef Ferdinand 4. 31. 62. 142.
　Ignaz 4.
Sonntagsblatt 71.
Sontag 158.
Spanische Dramatiker 15. 179. 216.
„Spartakus" 67.
Staatskanzlei 111. 149 f.
Staberl 13.
Stadion, Graf 90 f. 113. 119. 120.
　Gräfin 167.
Stegreifkomödien 13. 14.
Steigentesch 69.
Stein 27.
Stifft 150.
Stuttgart 193.
Stranitzky 12.

T

Taschenbuch für Schauspieler und Schauspielfreunde 85.
Taschenbuch für vaterländische Geschichte 146.
Tasso 85. 86.
Teimer, Henriette 66 f.

Thabböbl 13.
Theater a. d. Wien 76.
Theater nächst der Burg 72 (siehe auch Burgtheater).
Teplitz 213.
Thorwaldsen 107.
Tieck 157.
Tirso de Molina 4.
„Traum, ein Leben" 85. 97. 141. 171. 179. 180 ff. 184. 185. 196. 198. 216.
„Treuer Diener seines Herrn" 52. 163 ff. 177. 194.
Triest 102.
Tüffer 213.

U

„Über das Jahrhundert der Kreuzzüge" 36.
„Über die Ursachen von Ägyptens früher Kultur" 36.
Universitätsbibliothek 187.
„Urbild und die Abbilder" 122.
Uhland 193.

V

Van der Velde 85.
Varnhagen 158.
Venedig 102. 106.
Verhovitz, Josefine von 122 f.
„Verwandlungen" 126.
„Vision" 156.
Volkspoesie 14.
Voltaire „Le blanc et le noir" 85.

Druck von F. E. Haag, Melle i. H.